»Olzog-Studienbuch«

J. M. Bochenski · Marxismus-Leninismus

Joseph M. Bochenski

Marxismus-Leninismus

Wissenschaft oder Glaube

GÜNTER OLZOG VERLAG MÜNCHEN-WIEN

Dieses »Olzog-Studienbuch« liegt auch als Arbeitsheft 37 der Bayerischen Landeszentrale für politische Bildungsarbeit, München, vor.

Dieser Publikation sind die vom Studienprogramm des Bayerischen Fernsehens ausgestrahlten 13 Vorlesungen des Autors zum Thema „Theorie des Marxismus-Leninismus" zugrundegelegt. Sie entstand in Zusammenarbeit mit der TR-Verlagsunion, München.

ISBN 3-7892-7072-5

2. unveränderte Auflage 1974

Umschlagentwurf und Graphiken: Hugo Ballon, Planegg

Gesamtherstellung: Druck und Verlag Ernst Vögel, 8491 Stamsried

VORWORT

Die Vorlesungsreihe wurde Mitte der 60er Jahre durch den Bayerischen Rundfunk zum erstenmal ausgestrahlt. Eine Wiederholung im Frühjahr 1973 scheint ein großes Interesse hervorgerufen zu haben. Der Anregung der Bayerischen Landeszentrale für politische Bildungsarbeit folgend, habe ich mich deshalb entschlossen, diesen Text — und zwar ohne wesentliche Änderungen — zu veröffentlichen.

Unterdessen hat sich um den Gegenstand manches geändert. Wir sind in eine Periode der Entspannung eingetreten; andererseits hat sich auf der westlichen Seite der Neo-Marxismus sehr viel stärker bemerkbar gemacht, als dies damals der Fall war. Beide Umstände dürften Anlaß genug sein, eine bessere Kenntnis des Marxismus-Leninismus zu empfehlen. Denn die politische Entspannung verstärkt eindeutig die geistige Konfrontation. Sie wird von den Kommunisten selbst als „eine Form des Klassenkampfes", d. h. des Kampfes der Partei mit der übrigen Welt, angesehen. Sie erlaubt ihnen, ihre Propaganda viel energischer zu betreiben. Während der politische Kampf — wenigstens in unserem Erdteil — abgeschwächte Formen annimmt, wird der geistige ohne Zweifel gesteigert.

Dasselbe gilt auch im Hinblick auf das zweitgenannte Phänomen, den Neo-Marxismus. Dieser ist kein Marxismus-Leninismus; er steht sogar mit ihm in manchen grundlegenden Lehren im Widerspruch. Da er sich aber auch auf Marx beruft, kommt es nur zu oft dazu, daß man beides verquickt und sich dadurch vom Marxismus-Leninismus verführen läßt. Die notwendige Kenntnis des Letztgenannten muß also dringend empfohlen werden.

Was aber den Marxismus-Leninismus selbst betrifft, so hat er sich in der Zwischenzeit nur wenig und unwesentlich geändert. Alle Grundthesen werden weiter mit demselben Nachdruck gelehrt. Verschiedene, sich auf politische Tatsachen beziehende Einzelheiten haben sich geändert. Eine ziemlich klare Bestätigung der hier vertretenen Analyse haben wir um 1968 in der Tschechoslowakei erlebt. Der Prozeß der systemimmanenten weltweiten Expansion geht anschaulich ohne große Hindernisse zielstrebig weiter voran. Die Lehre ist aber grundsätzlich dieselbe geblieben.

Ich möchte der Bayerischen Landeszentrale für politische Bildungsarbeit für die Anregungen zur Ausgestaltung der Textausgabe meiner Vorlesungsreihe danken, im besonderen für die Zusammenfassungen, die bibliographischen Hinweise und die Register.

J. M. Bochenski

Inhaltsverzeichnis

Einführung

Diese Vortragsreihe ist dem *Marxismus-Leninismus*, das heißt der Grundlehre, der Theorie des Kommunismus, gewidmet. Diese Lehre gilt heute auf einem Drittel der Erdoberfläche als offizielle Staatslehre.

Nach ihr haben etwa eine Milliarde Menschen zu leben. Es handelt sich also, wie Sie sehen, um einen Gegenstand, der nicht ohne Bedeutung ist. Ich möchte heute eine Einführung zu dieser Vortragsreihe geben. Und zwar wird es zweckmäßig sein, zuerst ein paar Angaben über das *Studium* dieses gewaltigen — denn er ist gewaltig — Gegenstandes zu machen.

Sowjetologie

Die Erforschung des Kommunismus ist Gegenstand einer reinen Wissenschaft, der *Sowjetologie*. Diese blüht vor allem in den Vereinigten Staaten von Nordamerika — in den großen Forschungszentren von *Harvard, Columbia, Bloomington* und anderen — dann in Deutschland, wo es mehr als ein halbes Dutzend Osteuropa-Institute gibt; unter ihnen ist wohl das *Osteuropa-Institut an der Freien Universität Berlin* das größte. Hier wird eine umfassende, weitverzweigte Forschung betrieben.

Tatsächlich zerfällt die Sowjetologie in verschiedene Disziplinen, die das kommunistische Phänomen unter verschiedenen Aspekten und auch regional gegliedert behandeln. So studiert man z. B. das kommunistische Recht, die Nationalitäten-Politik, die Soziologie, die Wirtschaft, die Kunst und anderes mehr.

Gustav Wetter

Unter diesen zahlreichen Spezialrichtungen innerhalb der Sowjetologie gibt es nun auch eine, die sich mit der Philosophie, also mit den theoretischen Grundlagen des Marxismus-Leninismus befaßt. Der bekannteste Forscher auf diesem Gebiet ist *Professor Gustav Wetter*, ein Österreicher, der in Rom lehrt. Es gibt jedoch nur ein Institut, an dem sich ein Dutzend Forscher ausschließlich der systematischen Erforschung der kommunistischen Philosophie widmet: nämlich das *Osteuropa-Institut an der Universität Freiburg* in der Schweiz. Dieses Institut veröffentlicht zwei Reihen von Schriften unter dem gemeinsamen Titel *„Sovietica"* und eine Quartalschrift unter dem Titel *„Studies of Soviet Thought"*.

Bibliographie

Soweit über die Forschung. Als Lektüre dürften die folgenden Werke vor allem empfohlen werden. Zuerst ein Werk über die *Grundlagen des Marxismus-Leninismus*, übersetzt aus dem Russischen. Es handelt sich um eine halboffizielle, in vielen hunderttausend Exemplaren verbreitete Gesamtdarstellung des Marxismus-Leninismus durch führende Kommunisten. Das Buch ist 1959 erschienen und bis heute nicht überholt.

Neben diesem Werk gibt es noch ein zweites, das auch dringend zu empfehlen ist; die *Grundlagen der Marxistischen Philosophie*, auch aus dem Russischen übersetzt. Diese zweiten „Grundlagen" sind im Jahre 1958 in Moskau erschienen und müssen bis jetzt in mehr als zwei Millionen Exemplaren verbreitet worden sein. Es ist wieder ein halboffizielles, in allen kommunistischen Ländern gebrauchtes Lehrbuch. Es behandelt die philosophischen Fragen viel eingehender als das erstgenannte Buch. Beide Werke erschienen bei uns in gekürzter Form in der Reihe *„Sovietica"*. Es handelt sich nämlich im Original um richtige „Wälzer" von sechshundert und mehr Seiten, die noch dazu ohne Register sind.

Mit diesen zwei Lehrbüchern haben Sie eine zureichende Grundlage seitens der Kommunisten selbst. Freilich hat sich manches während der letzten Jahre dort geändert, aber nichts Wesentliches.

Eine kritische Gesamtdarstellung des Gebietes gibt es meines Wissens nicht.

Am nächsten kommt noch das zweibändige Werk von *Wetter* und *Leonhardt: Sowjetideologie heute.* Vor allem der erste Band, von *Wetter,* ist vortrefflich; es handelt sich dabei jedoch nur um Grundsätzliches.

Allgemein gesagt, besitzen wir relativ gute Darstellungen der *Philosophie* des Kommunismus; dagegen haben uns unsere hochverehrten Herren Professoren der *Nationalökonomie* und der *Politologie* nichts Ähnliches, wenigstens bis jetzt gegeben.

Als grundlegendes Werk der Philosophie gilt das Buch DER DIALEKTISCHE MATERIALISMUS von Wetter; ich selbst habe ein — glücklicherweise — viel kürzeres Buch verfaßt: DER SOWJETRUSSISCHE DIALEKTISCHE MATERIALISMUS.

Es gibt noch eine Reihe von anderen guten Darstellungen. Ich muß jedoch sagen, daß die genannten Werke, wie auch jene, die aus zweiter Hand geschrieben sind, heute veraltet sind. Und es sieht so aus, als ob es für einen Forscher kaum noch möglich wäre, die gesamte kommunistische Philosophie darzustellen: Sie ist zu umfangreich geworden.

Deshalb muß man, falls man sie genauer kennen lernen will, zu monographischen Abhandlungen greifen wie z. B. zu jenen, die in der Reihe „Sovietica" erscheinen.

Nebenbei gesagt, die in englischer Sprache geschriebene Literatur über dieses Gebiet ist weit umfangreicher.

Um sich auf dem laufenden zu halten, muß man die wichtigsten sowjetologischen Zeitschriften lesen. Von ihnen möchte ich, außer den schon genannten *„Studies in Soviet Thought", vor allem die in Bonn erscheinenden „Ost-*

probleme" nennen. Diese vorzüglich redigierte Wochenschrift bringt mehr Material zum Marxismus-Leninismus als irgendeine andere sowjetologische Zeitschrift.

Soviel zum Studium und zur Bibliographie. Wir müssen uns jetzt mit dem Inhalt des Marxismus-Leninismus selbst befassen. Dieser ist die *Ideologie des Kommunismus.* Unsere erste Aufgabe ist also, die beiden Worte — „Ideologie" und „Kommunismus" — richtig zu verstehen.

Ideologie

Zuerst „Ideologie". Dieses Wort stammt von einem französischen Philosophen des 18. Jahrhunderts, *Destut de Tracy* (1754—1836), und hat im Laufe der Zeit viele verschiedene Bedeutungen erhalten. *Hier* will es einfach soviel wie „Grundlehre", „grundlegende Theorie" und nichts weiter bedeuten. Später werden wir noch eine andere — kommunistische Bedeutung kennen lernen. Augenblicklich meinen wir jedoch einfach dies: die *Grundlehre.*

Kommunismus

Viel wichtiger ist es, das zweite Wort, nämlich das Wort „Kommunismus", richtig zu verstehen, und zwar deshalb, weil es in diesem Hinblick ziemlich viele und ziemlich schwere Mißverständnisse gibt. Es scheint merkwürdig zu sein, daß die Bedeutung eines so oft gebrauchten Wortes heute noch nicht genau umschrieben ist.

Ich möchte zunächst zwei Behauptungen aufstellen, anschließend werde ich sie begründen.

Erste Behauptung: Es gibt heute vor allem *zwei* sehr verschiedene Bedeutungen des Wortes „Kommunismus": eine *weitere* und eine *engere.*

Kommunistische Partei

Zweite Behauptung: Im engeren Sinn bedeutet das Wort „Kommunismus" fast genau dasselbe wie der Ausdruck „Kommunistische Partei". Hier ist eine schematische Darstellung:

KOMMUNISMUS	**weiterer Sinn**
	engerer Sinn = KOMMUNISTISCHE PARTEI

Um die erste Behauptung zu illustrieren, werde ich Ihnen einen kurzen Text vorlesen und wir werden uns dann fragen, ob der Verfasser dieses Textes den Kommunismus vertritt oder nicht.

Hier ist mein Text:

„Zuerst soll keiner irgend etwas als sein Eigenes besitzen, sofern es nicht ganz notwendig ist; sodann soll keiner eine solche Wohnung und Vorratskammer haben, in die nicht jeder, der will, eintrete; alles zum Leben Erforderliche aber, was besonnene und tüchtige Soldaten bedürfen, sollen sie ratenweise empfangen, in solchem Maße, daß sie weder für das Jahr etwas übrig haben, noch Mangel leiden und sie sollen gemeinsame Mahlzeiten besuchen und, wie auf einem Feldzuge befindlich, gemeinschaftlich leben."

Und weiter:

„An die anderen früheren Vorschriften schließt sich, wie mir scheint, folgendes Gesetz an: Daß die Weiber alle den Männern gemeinschaftlich seien und keine mit keinem besonders zusammenwohne, und daß ebenso die Kinder gemeinschaftlich seien und kein Vater sein Kind kennt, noch ein Kind seinen Vater."

Das ist mein Text. — Ich frage Sie nun: Ist das Kommunismus? Und wahrscheinlich werde ich die Antwort erhalten, daß es sogar mehr als Kommunismus ist — eine Art Superkommunismus ist — da hier sogar die Weiber zum Gemeinbesitz erklärt werden. Denn das Wort „Kommunismus" stammt ja vom Lateinischen „communis" und dieses bedeutet „gemeinsam", „gemeinschaftlich".

Plato

Nun kann ich Ihnen verraten, von wem unser Text stammt: sein Verfasser ist *Plato*. Ich habe freilich daraus einige allzu archaisch anmutende Ausdrücke ausgelassen, aber im übrigen den Text aus dem „Staat" unverändert wiedergegeben. Der Text wurde vor 24 Jahrhunderten geschrieben. Kann man aber sagen, daß Plato ein Kommunist gewesen ist? — Wenn ja, was würden Sie dann von dem folgenden Text sagen, der Ihnen vielleicht geläufiger ist:

„Die Menge war ein Herz und eine Seele. Keiner nannte etwas von seinem Besitztum sein eigen. Alles hatten sie miteinander gemeinsam . . . So gab es keine Bedürftigen unter ihnen. Wer Grundstücke oder Häuser besaß, veräußerte sie, brachte den Erlös daraus . . . davon wurde dann jedem zugeteilt, was er nötig hatte."

Der letzte Satz ist hier von Bedeutung. Ich werde ihn vielleicht noch griechisch schreiben. Es handelt sich nämlich um einen griechischen Text — denn dieselben Worte werden noch heute als eine Art Definition des *Kommunismus* gebraucht, „jedem, was er nötig hat": ἑκάστῳ καθότι ἄν χρείαν εἶχεν

Apostelgeschichte

Sie kennen wohl diesen Text. Er ist der Apostelgeschichte entnommen. Sie kennen auch die furchtbare Strafe — die Todesstrafe — die dann über einen gewissen *Ananias* und seine Frau *Saphira* verhängt worden ist, weil sie nicht alles der Gemeinschaft übergaben.

Die Frage, die wir uns jetzt stellen, ist diese: Handelt es sich hier um den *Kommunismus*? — Wenn ja, kann man sagen, daß die Urchristen Kommunisten gewesen sind? Das ist die Frage. Wenn wir sie bejahen, dann müßten wir von vielen anderen Menschen auch sagen, daß sie Kommunisten seien. So z. B. von allen freiheitlichen Sozialisten, weil auch sie die Vergesellschaftung von Gütern anstreben. Können wir das aber, ohne einen Mißbrauch des Wortes zu begehen und diesen Menschen Unrecht zu tun?

Die Lösung dieser Schwierigkeit besteht nur darin, daß wir, wie gesagt, einen zweifachen Sinn oder, wenn Sie wollen, einen zweifachen Gebrauch des Wortes „Kommunismus“ unterscheiden. Einerseits haben wir einen sozusagen weiten Sinn. Dann bezeichnet „Kommunismus“ jede Lehre, Tendenz, Bewegung, die eine Vergesellschaftung von Produktionsmitteln, von Gütern oder gar von Menschen anstrebt. In *diesem* weiten Sinn des Wortes, war Plato, waren die Urchristen und sind unsere Sozialisten „Kommunisten“. Aber Sie sehen wohl, daß diese Benennung etwas Schiefes an sich hat. Und zwar ist es so, weil wir heute eine Bewegung, eine Organisation kennen, die freilich *auch* diesen Kommunismus im weiten Sinne des Wortes vertritt — aber darüber hinaus noch viel, viel mehr. Ich meine die *Kommunistische Partei* oder die Kommunistischen Parteien von heute. Diese bekennen sich nämlich nicht nur zu jener Vergesellschaftung, sondern auch zum ganzen Marxismus-Leninismus. Und der Marxismus-Leninismus ist unvergleichbar mehr als eine bloße soziale Lehre von der Gemeinsamkeit der Güter: Er ist eine Metaphysik, er ist eine Nationalökonomie, eine politische Lehre, eine Strategie, usw. Der Kommunismus bezeichnet nun, im engeren Sinne des Wortes, gerade diese Partei oder Parteien.

Kommunismus als Lehre

Kommunismus als Parteiorganisation

Die *Kommunistische Partei* ist aber ein so gewichtiges Phänomen, daß wir heute eigentlich das Wort nicht anders gebrauchen sollten als in diesem zweiten, engeren Sinn. Jedenfalls werde ich es so und nicht anders gebrauchen; wenn ich „Kommunismus“ sage, meine ich genau: die Kommunistische Partei. Sie werden vielleicht entgegnen, daß heute niemand mehr die zwei Bedeutungen des Wortes „Kommunismus“ durcheinanderbringe. Leider ist das nicht der Fall. Zum Beispiel habe ich kürzlich einen Text von *Thomas Mann* gefunden, in welchem gerade diese Verwechslung vorkommt. Hören Sie bitte selbst.

„Der *Kommunismus* ist als Vision viel älter als der *Marxismus* und enthält auch wieder Elemente, die erst einer Zukunftswelt angehören. Älter ist er, weil schon die religiösen Volksbewegungen des ausgehenden Mittelalters einen eschatologisch-kommunistischen Charakter hatten . . . So ist der Kommunismus älter als *Marx* und das 19. Jahrhundert . . .“

Es sollte klar sein, daß das, was Thomas Mann hier „Kommunismus“ nennt, jener Kommunismus im weiteren Sinne ist. Doch so könnte man heute nicht mehr formulieren, weil wir es praktisch immer wieder mit dem Kommunismus im engeren Sinne des Wortes, d. h. mit den kommunistischen Parteien, mit ihrem Marxismus-Leninismus zu tun haben.

Soviel über die erste Behauptung.

Was nun die zweite betrifft, so ist es leicht einzusehen, daß heute das Wort „Kommunismus“ meistens genau so gebracht wird, daß man es durch den Ausdruck „Kommunistische Partei“ ersetzen kann. So sagen wir z. B. manchmal „Der Kommunismus ist eine Gefahr für Südamerika“ und meinen natürlich: Die Kommunistische Partei. Oder die Kommunisten sagen selbst: „Der Kommunismus wird siegen“ — sie meinen, daß ihre Partei siegen wird. Man könnte noch viele andere solche Beispiele anführen.

Ich möchte noch einmal sagen, daß dasselbe Wort noch andere Bedeutungen hat; eine unter ihnen werden wir später behandeln müssen. Augenblicklich nehmen wir aber das Wort „Kommunismus“ in dieser präzisen Bedeutung: Kommunistische Partei.

Wir haben bis jetzt zwei Dinge getan: Zuerst die Lage der Forschung beschrieben und einige bibliographische Angaben gemacht — dann den Sinn des Titels „Kommunistische Ideologie“ besprochen. Abschließend möchte ich noch die Bedeutung der Ideologie — d. h. des Marxismus-Leninismus — für den Kommunismus und für die kommunistischen Länder kurz erörtern.

Diese Bedeutung ist immer noch sehr groß. Freilich gibt es Anzeichen dafür, daß es in gewissen Ländern — auch in der Sowjetunion — zu einer Lockerung kommt, aber so weit ist der Prozeß noch nicht fortgeschritten, daß wir den Marxismus-Leninismus abschreiben und der Geschichte übergeben könnten. Im Gegenteil, er ist, nach allem, was wir wissen, immer noch und zwar überall, ein gewichtiger Faktor im Kommunismus.

Das kann man aus folgendem ersehen:

1. Machen die Kommunisten überall gerade kollossale Anstrengungen, um ihn zu entwickeln und zu verbreiten.

2. Handeln sie öfters so, daß man ihr Verhalten nicht anders als durch die Treue dem Marxismus-Leninismus gegenüber erklären kann.

3. Ist die Sache jedem, der mit bedeutenden Kommunisten in Berührung gekommen ist, direkt sichtbar: Sie sind gläubige Kommunisten, sie glauben an den Marxismus-Leninismus als an eine absolute Wahrheit.

Also erstens: Die Kommunisten machen auf dem materiellen wie geistigen Sektor große Anstrengungen, um ihre Philosophie zu entwickeln und zu verbreiten. Ein paar Ziffern: Die Bibliographie der sowjetischen Philosophie, die vom *Freiburger Osteuropa-Institut* veröffentlicht worden ist, umfaßt mehr als zweitausend Namen von aktiven Philosophen. Heute dürften es in der Sowjetunion wohl um die zwölftausend sein. In Moskau allein gibt es etwa einhundert Ordinarii für Philosophie an den Hochschulen. Die Auflagen der ideologischen Schriften sind geradezu kolossal. So wurden von *Lenins* Werken bis 1959 301 015 000 Exemplare veröffentlicht. Ähnliches gilt von den anderen kommunistischen Ländern. So hat Jugoslawien, das vor dem letzten Weltkrieg noch keine nennenswerte Philosophie aufzuweisen hatte, eine bedeutende philosophische Schule.

Das ist das eine: Die Kommunisten machen große Anstrengungen, um ihren Marxismus-Leninismus zu verbreiten. Außerdem handeln sie zweitens meist so, daß dies durch nichts anderes als durch ihre Ideologie erklärbar ist. Zwei Beispiele sind hier bezeichnend: Einerseits pflegen die Kommunisten überall die Vergesellschaftung der Bauern mit geradezu katastrophalen Folgen für die Wirtschaft durchzuführen. Der politische Sinn dieser Bemühung ist mehr als fragwürdig. Sie entfremdet der Partei die Bauern und wirtschaftlich ist sie geradezu widersinnig. Warum handelt man so? Weil es vom Marxismus-Leninismus so gefordert wird.

gegen die Religion

Andererseits gibt es überall in den kommunistischen Ländern einen ebenso politisch sinnlosen Kampf gegen die Religion. In manchen Ländern, so z. B. in Ungarn und Polen, wäre es relativ leicht, die Massen zu gewinnen, sähe man davon ab. Nein, man führt den Kampf rücksichtslos weiter. Und zwar nur deshalb, weil dies im Marxismus-Leninismus vorgeschrieben wird.

keine Entideologisierung

Und endlich, jene, die führende Kommunisten kennen, wissen, daß die Lehren von der *Entideologisierung*, wie man sie oft nennt, jeder Grundlage entbehren. Viele dieser Männer haben für diese Ideologie gekämpft und gelitten. Sie hat ihnen Großes gebracht. Sie glauben an sie.

Natürlich ist der Marxismus-Leninismus nicht der alleinige Faktor, der den Lauf der Geschichte in diesen Ländern bestimmt. In der Geschichte ist es nie so, daß wir alles durch *eine* Kraft erklären könnten. So spielt z. B. der lokale, russische oder chinesische Nationalismus auch seine Rolle. Aber unter anderem und vor allem ist der Kommunismus immer noch durch die Ideologie bestimmt.

Ideologie in Aktion

Die *Kommunistische Partei* ist, in anderen Worten, immer noch das, was sie stets gewesen ist: *Eine Ideologie in Aktion.*

Sie wurde begründet, besteht und handelt vor allem, um der gesamten Menschheit ihre Ideologie samt ihren Konsequenzen aufzuzwingen.

Vielleicht wird sich dies ändern. Einige Anzeichen deuten darauf hin. Aber noch heute gibt sich jeder, der den Marxismus-Leninismus als unwichtg abschreiben möchte, einer gefährlichen Illusion hin. Er ist in vielen Fällen ein Opfer seines Wunschdenkens. Davor möchte ich Sie ernstlich warnen: Es entspricht den uns bekannten Tatsachen nicht.

In der nächsten Vorlesung werden wir uns mit der kommunistischen Moral beschäftigen.

Zusammenfassung zur Einführung:

Der Marxismus-Leninismus gilt heute auf einem Drittel der Erdoberfläche als offizielle Staatslehre.
Seine Erforschung ist Gegenstand einer reinen Wissenschaft, der Sowjetologie.

1. **Ideologie** = die Grundlehre des Kommunismus

2. **Kommunismus** (communis lt.: gemeinsam, gemeinschaftlich)

   a) im weiteren Sinn: jede Lehre, Tendenz, Bewegung, die eine Vergesellschaftung von Produktionsmitteln, Gütern oder gar Menschen anstrebt (bereits bei Plato und den Urchristen),

   b) im engeren Sinn: **die kommunistische Partei,**
   sie bekennt sich nicht nur zur Vergesellschaftung, sondern zum ganzen Lehrgebäude des Marxismus-Leninismus. Dieser ist unvergleichbar mehr als eine bloße Soziallehre von der Gemeinsamkeit der Güter: Er ist eine Metaphysik, eine Nationalökonomie, eine politische Lehre mit militärischer Strategie.

Schlußbetrachtung: Die Kommunistische Partei ist Ideologie in Aktion. Sie wurde begründet, besteht und handelt mit dem einzigen Ziel: den Marxismus-Leninismus samt seinen Konsequenzen der gesamten Menschheit aufzuzwingen. Diese fundamentale Tatsache wegen einiger Lockerungsanzeichen nicht ernst zu nehmen, ist eine gefährliche Illusion.

II. Die Moral

Wir werden uns in dieser Vorlesung mit der kommunistischen Moral befassen. Die Kommunisten selbst stellen freilich die Moral nicht an den Anfang ihrer Überlegungen. Vielmehr sieht der Aufbau der Lehrbücher des Marxismus-Leninismus so aus:

Aufbau des Marxismus-Leninismus

I. Philosophie
   1. Dialektischer Materialismus (DIAMAT)
   2. Historischer Materialismus (HISTOMAT)
      darunter: Moral

II. Politische Ökonomie
   1. Kritik des Kapitalismus
   2. Ökonomie des Sozialismus und Kommunismus

III. Politische Lehre (Wissenschaftlicher Sozialismus)
   1. Strategie und Taktik des Proletariats
   2. Wissenschaftlicher Kommunismus.

Also am Anfang — im DIAMAT — stehen die allgemeinsten theoretischen — wir würden sagen metaphysischen — Lehren. Dann folgt — im HISTOMAT — die Anwendung dieser Lehren auf die Gesellschaft. Erst als eine Folge aus dem letztgenannten ergibt sich die Ethik und auch die Moral. Wir haben also etwa das folgende Schema:

DIAMAT
↓ **HISTOMAT**
MORAL

Dennoch scheint es mir zweckmäßig die Moral an den Anfang zu stellen und zwar aus folgenden Gründen:

dialektische Einheit von Theorie und Praxis

Es gibt im Marxismus-Leninismus eine wichtige Lehre, die *Lehre von der dialektischen Einheit von Theorie und Praxis.* Nach dieser Lehre — wenn sie richtig verstanden ist, was freilich bei den Kommunisten selbst nicht immer vorkommt — ist die theoretische Seite des Denkens mit der praktischen so eng verbunden, daß der Mensch — wenigstens im Gebiet der höchsten Prinzipien, die eine von der anderen nicht trennen kann.

Ein Beispiel: Es wird gesagt, daß der Kommunismus siegen muß; das soll ein Gesetz, ein theoretischer Satz über die Welt, wie sie ist, sein. Sie sei, sagen die Kommunisten, schon so geartet, daß in ihr der Kommunismus notwendig zum Siege kommt. Gleichzeitig wird aber gesagt, daß es eine heilige Pflicht jedes Menschen sei, für den Sieg des Kommunismus zu kämpfen und zwar nicht *obwohl*, sondern *gerade deshalb*, weil dieser Sieg — theoretisch — notwendig ist. Beide gehören nämlich zusammen: Das *Seinsgesetz* und das *Wertgesetz*, wie die Philosophen sagen — die theoretische Feststellung, daß es so ist und die moralische Pflicht, so zu handeln, daß es so sei.

Es ist hier nicht angebracht, diesen Satz kritisch zu diskutieren. Er enthält etwas Richtiges, ist jedoch sehr übertrieben. Das einzige, was uns augenblicklich interessiert, ist, daß die Kommunisten selbst diesen Satz der *dialektischen Einheit von Theorie und Praxis* anerkennen — und daß deshalb ihr eigenes System — der Marxismus-Leninismus — ein doppeltes Gesicht hat. Einerseits ist er ein System von Sätzen über die Welt, wie sie vermeintlich *ist;* andererseits handelt es sich dabei um ein System von Geboten, Imperativen, Soll-Sätzen, die besagen, was wir *tun sollen.*

Moral

Nun sieht es so aus, als ob gerade diese zweite moralische Seite des Kommunismus grundlegend wäre. Zuerst, so scheint es, ist der Marxismus-Leninismus eine *Moral;* erst nachträglich wird diese Moral durch eine theoretische Lehre, durch ein System von Sätzen, über das, was *ist,* erklärt und begründet. Die wirkliche Lage ist demgemäß gerade umgekehrt im Vergleich zu jener. die wir in den kommunistischen Lehrbüchern finden — etwa diese:

Freilich ist das eine Vereinfachung; grundsätzlich scheint aber diese logische Folge vorzuliegen.

Zugleich ist der moralische Aspekt des Kommunismus die Ursache seiner Anziehungskraft. Denn die Moral spricht die Menschen eher an als die ziemlich abstrusen Prinzipien des dialektischen und historischen Materialismus. Aus diesen Gründen möchte ich bei der Darstellung dieser Lehre mit der Moral beginnen. Ich werde versuchen, das Wesentliche daraus darzustellen, so wie ich es verstehe. Das tun die Kommunisten selbst nur allzu selten. Betrachtet man aber ihre allgemeine Haltung und die Gesamtheit ihrer Lehren, dann findet man, daß es sich gerade um eine solche Moral und um nichts anderes handelt.

Sie kann in folgenden sechs Punkten zusammengefaßt werden:

1. **Humanismus**
2. **Spezifischer Humanismus**
3. **Heutiger Zustand des Menschen**
4. **Das Grundübel**
5. **Die Rolle des Proletariats**
6. **Die Rolle der Kommunistischen Partei**

Humanismus

Also erstens: Der Kommunismus ist ein *Humanismus.* Das bedeutet, daß gemäß dem Marxismus-Leninismus der Mensch das höchste Wesen ist, und zwar nicht nur in der Seinsordnung, sondern auch in der Wertordnung. In der Seinsordnung: Es gibt in der Welt nichts, das vollkommener, seinem Gehalt nach höher wäre als der Mensch. In der Wertordnung: Alles soll dem Menschen dienen. Das höchste Gebot der kommunistischen Moral lautet also: Handle so, daß deine Tat dem Menschen dienlich sei. *„Alles für den Menschen"* — das ist die höchste Losung der kommunistischen Moral.

Dazu einige Bemerkungen: Zuerst stellen wir fest, daß der Mensch nach Meinung der Kommunisten nicht nur ein besseres Tier ist. Er ist etwas ganz anderes — er unterscheidet sich vom höchsten Tier, wie sie sagen, qualitativ. Zwischen ihm und dem Affen soll ein „dialektischer Sprung" liegen. Also wird der Übergang vom Tier zum Menschen nicht etwa so:

sondern eher so gedacht:

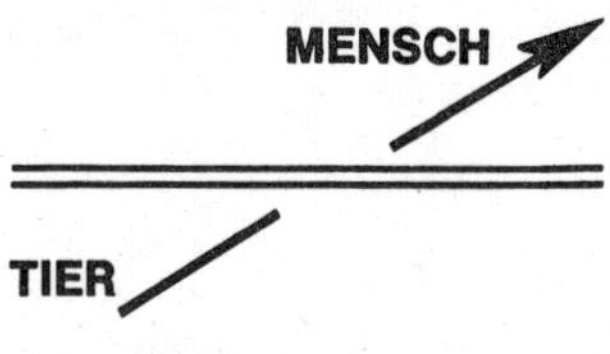

Der Mensch hat nicht *mehr* Intelligenz als der Affe. Er hat eine *andere,* höhere Art der Intelligenz. Er ist also hier in einem ganz prägnanten Sinne das Höchste.

Atheismus

Dann aber: Da es keinen Gott gibt, ist der Mensch nicht nur das Höchste in der Welt, sondern das Höchste überhaupt. Der *Atheismus* ist hier mit dem *Humanismus* eng verbunden.

Zukunftsmenschheit

Und endlich: Was heißt „Mensch"? Die Antwort lautet: Unmöglich kann dies der heutige Einzelmensch sein, sondern die *Zukunftsmenschheit.* Darauf werden wir später zurückkommen — es lohnt sich jedoch, dies schon hier zu betonen, weil darin der größte Unterschied zwischen dem kommunistischen und dem christlichen und anderen Formen des Humanismus liegt.

totaler Humanismus

Das wäre also das erste. Der Kommunismus ist ein *Humanismus.* Es gibt jedoch zwei Arten von Humanismen. Den einen nenne ich den *totalen* Humanismus. Er behauptet, daß alles, was im Menschen vorzufinden ist, großartig und wertvoll sei. So sagen einige der heutigen Schriftsteller, daß ein Verbrechen, obwohl es abscheulich ist, großartig sei, weil es ein Werk des Menschen ist.

spezifischer Humanismus

Dagegen macht der *spezifische* Humanismus einen Unterschied zwischen dem echt Menschlichen, dem Wertvollen und dem Niedrigeren im Menschen. Ein Beispiel: Der bekannte polnische Schriftsteller Sienkiewicz der Verfasser von „Quo vadis" — sagte einmal: „Die letzte Phase der Verdauung ist zwar auch menschlich, jedoch kein würdiger Gegenstand für die Literatur." Beiläufig gesagt, scheinen viele unserer heutigen Schriftsteller ihm darin nicht zuzustimmen.

Was hier Sienkiewicz vertritt, ist der spezifische Humanismus: Er macht einen Unterschied zwischen dem Höheren, dem echt Menschlichen und dem Niedrigeren im Menschen.

Nun ist aber der Kommunismus — und das ist mein zweiter Punkt — ein *spezifischer* Humanismus. Nach ihm ist nicht alles im Menschen wertvoll. Im Gegenteil: Gar vieles im heutigen Menschen ist ganz schlecht, nicht wertvoll und unmenschlich. Der Marxismus-Leninismus sieht das Böse im Menschen ganz scharf, so sehr, daß er manchmal geradezu *manichäistisch**) anmutet. Das ist, nebenbei gesagt, eines der Dinge am Kommunismus, die manche Christen so sehr anzieht. Denn das Christentum vertritt auch einen *spezifischen Humanismus* und eine Lehre vom Bösen im Menschen.

Ist es aber so, dann kann jetzt die höchste Losung des Kommunismus so umformuliert werden:

„Handle so, daß das Gute, das echt Menschliche im Menschen siegt."

Heutiger Zustand des Menschen

Wir kommen jetzt zum dritten Punkt: Der heutigen Lage des Menschen. Der Marxismus-Leninismus lehrt, daß der Mensch zwar der Anlage nach in seinem Wesen wohl ein Mensch sei, aber kein wahrlich menschliches Leben führe, so sehr, daß man ohne allzu große Übertreibung sagen kann, er sei noch nicht Mensch geworden.

---

*) Manichäismus: Kampf zwischen einer guten lichten und einer bösen finsteren Urmacht.

Beweis: Was heißt „menschlich leben"? — Menschlich ist, was gemäß der *Vernunft* und *frei* zustandekommt. Um menschlich zu leben, müßte der Mensch also durch die Vernunft geleitet sein und frei handeln. Tatsächlich kann er weder das eine noch das andere erreichen. Er kann nicht vernünftig leben, denn es ist nicht seine Vernunft, welche sein Leben planmäßig führt, sondern blinde Gesetze der Natur und der Gesellschaft.

durch blinde Naturgesetze geleitet

Er ist auch nicht frei. Zunächst der Übermacht der Naturgesetze wegen, etwa der Gesetze der Biologie, kraft welcher der Mensch z. B. hungert oder dem Krebs verfällt, mehr noch wegen der Gesetze der Gesellschaft, die dazu geführt haben, daß die meisten Menschen geknechtet, ausgebeutet und unfrei sind.

Das bedeutet aber, daß der Mensch, wie er heute ist, ein tierisches Dasein führt: Er ist in das Reich der Freiheit — des Menschseins — noch nicht eingetreten. Und die moralische Losung heißt deshalb jetzt:

„Handle so, daß der Mensch so schnell wie möglich ein Mensch werden kann, daß er in dieses Reich der Vernunft und der Freiheit eintrete."

Das war also unser bisheriger Weg: Humanismus — spezifischer Humanismus — und die Feststellung, daß der Mensch noch kein Mensch ist. Warum aber ist das so? Was ist die Ursache dieses Übels?

Grundübel: Privateigentum an Produktionsmitteln

Darauf antwortet der Marxismus-Leninismus viertens, indem er sagt, daß es nur *eine* einzige Ursache, ein einziges Grundübel gibt, aus welchem alles andere fließt. Dieses Grundübel ist das *Privateigentum an Produktionsmitteln.* Aus diesem Privateigentum ergeben sich alle anderen Übel und das Nicht-Menschsein des Menschen notwendig.

Beweis: Im Hinblick auf die Vernunft folgt aus dem Privateigentum ein Produktionschaos: Wenn es mehrere Eigentümer von Produktionsmitteln gibt, kann es keine Planung geben. Daraus folgt, daß die wirtschaftlichen Gesetze blind walten; der Mensch kann nicht planen, d. h. vernünftig sein Verhalten ordnen. Das ist das eine. Gleichzeitig führt das Privateigentum an Produktionsmitteln zur Ausbeutung und das wieder zur Klassenbildung, zum *Klassenkampf*. Der Klassenkampf aber ist die Wurzel der Verknechtung des Menschen. Die bei weitem größte Zahl der Menschen wird versklavt. Sie sind nicht frei. Und weiter ist der Klassenkampf die Wurzel alles Bösen, so des Verbrechens, des Staates und der Kriege.

Klassenkampf

Wenn also der Mensch noch kein Mensch ist, so ist die alleinige Ursache dafür im genannten Privateigentum an Produktionsgütern zu sehen. Nicht in jedem Privateigentum, sondern am Privateigentum an jenen Gütern, die zur Erzeugung anderer Güter dienen. Und deshalb heißt jetzt die moralische Lösung:

„Handle so, daß das Privateigentum an Produktionsgütern abgeschafft, d. h. der Kollektivismus, das Gemeinschaftseigentum, errichtet sei." Das ist unser vierter Punkt.

Bis jetzt hatten wir mit einer ziemlich logischen Entwicklung zu tun; freilich kann man die eine oder andere der hier angenommenen Prämissen bestreiten — z. B. ist es wahrlich schwer, alles Böse auf eine einzige Ursache zurückzuführen — aber wenn diese Prämissen vorausgesetzt sind, folgen die Lösungen ziemlich richtig daraus. Jetzt kommen wir aber beim fünften Punkt zu etwas, was eher in das Gebiet der Mystik gehört, nämlich zur *Lehre von der Rolle des Proletariats.*

Das Proletariat

Diese scheint mir christlichen Ursprungs zu sein. Nachdem was schon gesagt worden ist, sollte es klar geworden sein, daß die kommunistische Moral eine Erlösungslehre ist. Der Mensch soll aus seinem Elend und aus seinem Unglück erlöst werden. Wer aber ist der Erlöser? — Im Christentum ist es der Messias. Er hat zwei Kennzeichen: Erstens ist er selbst von der Erbsünde, vom Grundübel frei. Zweitens ist er aber jener, der unter den Folgen dieser Erbsünde am meisten, am furchtbarsten leidet. Wer nun soll der Messias des Menschen im Kommunismus sein? Es ist der *Proletarier.* Denn, erstens ist der Proletarier nicht durch die Erbsünde befleckt, er hat ja kein Privateigentum an Produktionsgütern. Zweitens ist er aber — wie Christus — jener, der am meisten unter den Folgen dieses Grundübels leidet. Kann allein der Proletarier — oder genauer, gemeinsam das Proletariat — die Menschheit erlösen?

Messiasrolle des Proletariats

Wenn das Proletariat seine Revolution durchführt, dann wird es sich um eine ganz *neuartige Revolution* handeln. Denn das Proletariat wird das Privateigentum nicht etwa an sich reißen: Es wird es ganz abschaffen und damit nicht nur sich selbst, sondern die gesamte Menschheit vom Grundübel erlösen, ja auch jene schlimmen Ausbeuter, die in gewissem Sinne selbst Opfer des Privateigentums sind und kein menschliches Leben führen können.
Und deshalb heißt es jetzt:

„Handle so, daß das Proletariat so schnell wie möglich siegt. Gut und moralisch ist, was den Sieg des Proletariats näherbringt — denn das ist der Sieg der Menschheit und der wesentliche Schritt zu ihrer Befreiung."

Die Partei

Und somit sind wir beim sechsten und letzten Punkt angelangt: Bei der *Lehre von der Rolle der Partei.* Das Proletariat ist nämlich — freilich nicht nach *Marx,* aber nach *Lenin,* dem Schöpfer des Marxismus-Leninismus — dumm. Es benötigt einen Vortrupp, einen Generalstab, eine Gruppe von Menschen, die sein Gewissen und sein Bewußtsein verkörpern. Diese Gruppe ist die *Kommunistische Partei.* Und deshalb wird jetzt gesagt:

„Handle so, daß die Kommunistische Partei so schnell wie möglich siege."
Oder anders noch: „Gut und moralisch ist das, was der Taktik der Partei nützlich ist; böse und unmoralisch ist alles, was sie in ihrem Siegesmarsch behindert."

Das ist, ganz kurz und schematisch zusammengefaßt, das Wesentliche der Moral des Marxismus-Leninismus. Alles für den Menschen — der Mensch ist jedoch noch kein Mensch — wegen des Privateigentums an Produktionsgütern — nur das Proletariat kann ihn aus seinem Elend erlösen — und der Wille des Proletariats wird durch die Kommunistische Partei verkörpert. Gut und moralisch ist also genau das, was der Partei nützlich ist und nichts anderes.

Wenn wir jetzt diese Moral als Ganzes betrachten, dann ergeben sich gleich vier Feststellungen über ihre Natur. Sie ist erstens eine *historizistische* Moral; zweitens eine *monistische*; drittens eine *objektive*; viertens eine *prometheische*. Ich werde gleich diese Schlagworte kurz erklären.

historizistische Moral

Es ist also eine *historizistische Moral*; eine Lehre, nach welcher eine Tat gut und böse, nur im Hinblick auf ein zu erreichendes Ziel, und zwar ein Ziel, das weit in der Zukunft liegt, sein kann. Es ist eine *Erlösungsmoral*; das einzige, was zählt in ihr, ist ihr Ziel, nämlich die Erlösung der Menschheit.

monistische Moral

Sie ist deshalb zweitens eine *monistische Moral*. Das bedeutet, daß nach ihr nur *ein* Wert, *ein* Gebot, unbedingt, absolut gilt — der Wert nämlich des Sieges der Partei. Alles andere wird also gut oder böse nur *relativ* im Hinblick auf diesen einzigen Wert angesehen. Zum Beispiel: Der Wert der Liebe und Freundschaft in der Ehe, der bei uns als absolut gilt — so sehr, daß die Frau eines Angeklagten nicht als Zeugin gegen ihn aussagen muß — ist im Kommunismus nur dann anerkannt, wenn er der Partei dient. Will aber die Partei einen Menschen vernichten — wie im Fall des Marschalls Tuchatschewskij — dann gehört es zu den heiligen Pflichten seiner Frau, ihn auch nicht begangener Verbrechen anzuklagen und sein Todesurteil zu verlangen. Es gibt nämlich nur *einen* unbedingten Wert. Das nennen wir eine *monistische Moral* — im Gegensatz zu unserer Moral, die *pluralistisch* ist und eine Mehrheit von unbedingten Werten und Geboten anerkennt.

objektive Moral

Drittens handelt es sich um eine *objektive* Moral. Sie verspricht dem Menschen — ich meine dem einzig wirklichen Einzelmenschen von heute — nichts für ihn selbst, sondern fordert, daß er sich für etwas aufopfere, das außer ihm steht. Die *kommunistische Moral* ist keine Wohlfahrtsmoral. Sie ist sehr idealistisch, d. h. objektiv.

prometheische Moral

Und endlich handelt es sich um eine *prometheische* Moral. Der Mensch, allein in einer gottlosen Welt stehend, wird hier aufgeopfert, in einem unendlichen Kampf sich selbst und die Welt zu heben.

Eine prometheische, objektive, monistische und einem Zukunftsziel zugewandte Moral. Freilich pflegen die Kommunisten in ihrer Agitation regelmäßig an niedrigere Ideale zu appellieren. Alles ist ihnen nämlich — und zwar gemäß dieser Moral selbst — gut, um ihr Ziel, den Sieg der Partei zu erreichen. Es sieht jedoch so aus, als ob die Kommunisten ihre überzeugtesten Anhänger nicht durch niedrigere, mehr materielle Motive gewonnen hätten, sondern gerade durch die hier umrissene Moral.

Kommunismus — ein Leben des Kampfes

Ein Marxist-Leninist wird, dieser Moral folgend, einem jungen Menschen also kein Geld und kein eigenes Häuschen versprechen. Er wird ihm sagen: „Wenn du mit mir kommst, dann erhälts du keinen Reichtum und keine Freiheit, dein Leben wird ein Leben des Kampfes sein und du wirst wahrscheinlich in einem Konzentrationslager sterben. Ich habe nur den Kampf und die Arbeit anzubieten. Aber dein Leben wird ein einziges Abenteuer im Dienste einer großen Idee sein. Wir bauen und du wirst mit uns eine Welt bauen, von einer Schönheit, von welcher du nicht einmal geträumt hast. Das habe ich anzubieten."

Man darf sich vielleicht die Frage stellen, wie sich ein junger Mensch entscheidet, der einerseits durch das Ideal des Kühlschrankes und des Dollars, andererseits durch diese prometheische Moral angesprochen wird. Mir scheint, daß die große Mehrheit wohl dem Kühlschrank nachlaufen wird. Aber das sind nicht die Menschen, die Geschichte machen. Die Guten, die Wertvollen, werden in diesem Dilemma den Kommunisten folgen. Ihrer Moral kann nur eine ebenso objektive und heroische Moral mit Erfolg gegenübergestellt werden, nicht eine Wohlfahrtsmoral.

Zusammenfassung zum Kapitel II:

DIE MORAL

Aufbau des Marxismus-Leninismus

Dialektischer Materialismus (DIAMAT) = die allgemeinsten, rein theoretischen Grundprinzipien, gleichsam metaphysischen Lehren.

Historischer Materialismus (HISTOMAT) = die Anwendung dieser Lehren auf die Gesellschaft.

Moral = System von Geboten, Imperativen, Sollsätzen zur praktischen Anwendung von DIAMAT und HISTOMAT.

Die **Lehre von der dialektischen Einheit** von Theorie (Seinsgesetz) und Praxis (Wertgesetz) macht jedoch die Moral und Ethik zur Grundvoraussetzung des gesamten Systems.

Grundsätze der kommunistischen Moral (Erlösungslehre)

1. **Humanismus**

   Der Mensch ist das Höchste überhaupt (Humanismus mit Atheismus eng verbunden), bezogen jedoch auf den Zukunftsmenschen.

   „Alles für den Menschen!“

   Höchste Losung der kommunistischen Moral.

2. **Spezifischer Humanismus**

   Unterscheidung zwischen dem echt Menschlichen, dem Wertvollen und dem Niedrigen im Menschen, daher

   „handle so, daß das Gute, das echt Menschliche im Menschen siegt!“

3. **Heutiger Zustand des Menschen**

   Der heutige Mensch ist noch kein Mensch. Er führt gewissermaßen ein tierisches Dasein, daher

   „handle so, daß der Mensch so schnell wie möglich ein Mensch werden kann, daß er in das Reich der Vernunft und der Freiheit eintrete!“

4. **Das Grundübel**

Das Eigentum an Produktionsmitteln verursacht ein Produktionschaos. Es führt demnach zum Klassenkampf und verhindert letztlich das Menschsein, daher

> **„handle so, daß das Privateigentum an Produktionsgütern abgeschafft wird, d. h. der Kollektivismus, das Gemeinschaftseigentum, errichtet sei!"**

5. **Die Bedeutung des Proletariats**

Durch die revolutionäre Abschaffung des Privateigentums an Produktionsmitteln wird das Proletariat die Menschheit von seinem Grundübel erlösen, daher

> **„handle so, daß das Proletariat so schnell wie möglich siegt. Gut und moralisch ist, was den Sieg des Proletariats näher bringt — denn das ist der Sieg der Menschheit und der wesentliche Schritt zu ihrer Befreiung."**

6. **Die Rolle der kommunistischen Partei**

Das Proletariat ist dumm (Lenin). Sein Gewissen und sein Bewußtsein verkörpert die kommunistische Partei, daher

> **„handle so, daß die kommunistische Partei so schnell wie möglich siege. Gut und moralisch ist das, was der Taktik der Partei nützlich ist; böse und unmoralisch ist alles, was sie in ihrem Siegesmarsch behindert!"**

Schlußbetrachtung: Absoluter Wert dieser monistischen Moral = Sieg der Partei. Alles andere wird als gut und böse nur relativ im Hinblick auf diesen einzigen Wert gesehen. **Es ist eine idealistische und revolutionäre Erlösungslehre, die demnach nicht der Gegenwart, sondern ganz der Zukunft zugewandt ist. Ihr eine Wohlfahrtsmoral gegenüberzustellen, hat wenig Aussichten auf Erfolg.**

III. Die Geschichte

In der ersten Vorlesung haben wir über das Thema selbst — den *Marxismus-Leninismus* und seine Bedeutung gesprochen. Die zweite war der treibenden Kraft dieser Lehre, nämlich ihrer *Moral* gewidmet. Bevor wir mit der Darstellung des Marxismus-Leninismus fortfahren können, ist es nun notwendig, etwas über seine *Geschichte* und *Vorgeschichte* zu sagen. Solche Betrachtungen sind nicht nur deshalb wichtig, weil sie uns zu verstehen helfen, wie eine Lehre entstanden ist; sie helfen auch oft, den Aufbau und Sinn besser zu begreifen. Man kann hier sogar zwei Behauptungen aufstellen: Erstens, daß ein richtiges Verständnis des Marxismus-Leninismus ohne Kenntnis seiner Geschichte einfach nicht möglich ist; und zweitens, daß solche historische Kenntnisse sehr wenig verbreitet sind, so daß in dieser Hinsicht zahlreiche Mißverständnisse herrschen.

Marxismus-Leninismus

Solche Mißverständnisse zeigen sich schon in den Namen, die man dem Marxismus-Leninismus öfters beilegt. So pflegt man anstatt „Marxismus-Leninismus" einfach „Marxismus" zu sagen, wobei man manchmal auch einfach die Lehre von *Karl Marx* meint, nun das ist ganz sicher ein unberechtigter Gebrauch des Wortes „Marxismus". Denn erstens gibt es verschiedene Arten von Marxismus, unter denen der kommunistische, d. h. der Marxismus-Leninismus, nur eine ist; zweitens enthält diese kommunistische Lehre eine Reihe von Lehren, die dem historischen Marx fremd sind. Aus diesen Gründen wird im wissenschaftlichen Sprachgebrauch das Wort „Marxismus" nie allein in diesem Zusammenhang gebraucht.

In anderen Fällen pflegt man anstatt Marxismus-Leninismus „Sozialismus" zu sagen. Auch dieser Sprachgebrauch ist schief. Freilich ist der Kommunismus und damit auch die kommunistische Ideologie aus dem Sozialismus hervorgegangen; aber es gibt wieder verschiedene Arten des Sozialsmus, und die wichtigste Abart, zu welcher sich die meisten sozialistischen Parteien der freien Länder bekennen, hat mit dem Marxismus-Leninismus nur wenig gemein. Auch dieser Sprachgebrauch führt also zu Mißverständnissen und sollte vermieden werden.

Solche Mißverständnisse werden aber am besten durch ein richtiges Verständnis der Geschichte des Marxismus-Leninismus aus dem Wege geschafft. Die Geschichte des Marxismus-Leninismus beginnt mit *Karl Marx* und kann in drei Hauptperioden eingeteilt werden: die marxsche Periode — die leninsche Periode und die sowjetische Periode.

Eigentlich sollte man sagen, daß die marxsche Periode zur Vorgeschichte unserer Lehre gehört, da ja der Marxismus-Leninismus erst mit *Lenin* entstanden ist; aber die Lehren von *Karl Marx* und die seiner unmittelbaren Nachfolger sind inhaltlich für den Marxismus-Leninismus so wichtig, daß wir sie berücksichtigen wollen.

Die wichtigsten Daten sind folgende:

Karl Marx

Karl Marx lebte von 1818 bis 1883; seine ersten einschlägigen Schriften stammen aus dem Jahre 1843.

Friedrich Engels

Karl Kautsky

Rudolf Hilferding

Der Freund und nächste Mitarbeiter von Marx, *Friedrich Engels,* geboren 1820, starb erst 1895. Es folgen verschiedene sozialistische Denker, vor allem deutsche; unter ihnen ist *Karl Kautsky* der bedeutendste (1854—1938) — *Rudolf Hilferding,* der auf *Lenin* einen großen Einfluß hatte, lebte zwischen 1877 und 1941.

W. Lenin

Aber *Lenin* selbst ist schon 1870 geboren und seine erste wichtige Schrift — „Was tun?" — stammt aus dem Jahre 1902. Er starb 1924.

Wir können also die gesamte Entwicklung vereinfachend etwa in folgender Weise periodisieren:

Von 1843 bis etwa 1900 — **MARXISMUS**

von etwa 1900 bis 1924 — **LENINISMUS**

nach 1924 **SOWJETISCHE PERIODE**

Das sind selbstverständlich schematische Vereinfachungen; in der Geschichte gibt es so scharfe Grenzen zwischen zwei Perioden nie.

Viel wichtiger als diese Periodisierung ist das gegenseitige Verhältnis dieser zwei Perioden. Es kann wie folgt umschrieben werden:

1. Jede spätere Periode übernimmt die meisten Grundlehren der vorangehenden. So kann man nicht daran zweifeln, daß Lenin bemüht war, die echte Lehre von Marx und Engels zu übernehmen — darüberhinaus ist sicher, daß er den Grundstock seiner Lehre aus ihnen entnommen hat.

2. Jede spätere Periode läßt etwas aus dem Gedankengut der früheren aus und fügt neues hinzu. Lenin hat zum Beispiel eine ganz andere Auffassung der sogenannten Diktatur des Proletariats als Marx; was noch wichtiger ist, er scheint in einem ganz grundlegenden Punkt, nämlich im Hinblick auf den *ökonomischen Determinismus,* eine eigene Lehre entwickelt zu haben, die von der Marxschen ziemlich verschieden ist. Ähnliches gilt im Hinblick auf die sowjetische Periode, während dieser hat man, z. B. eine Lehre von der Familie entwickelt, die Lenin ganz fremd ist — ohne schon von der Koexistenzlehre zu sprechen.

3. Stellen wir in jeder Periode einen eigenen Geist fest. So ist der spekulative, metaphysische Geist und der Extremismus Lenins sicher Karl Marx fremd und auch der Geist in welchem die heutigen sowjetischen Ideologen denken, ist ein anderer als jener Lenins. Das werden wir im weiteren Verlauf dieser Vorlesung noch näher erörtern.

Ich wiederhole also, daß das Verhältnis jeder unserer drei Perioden — des *Marxismus, Leninismus* und der *sowjetischen Periode* ein dreifaches ist: Die spätere Periode übernimmt den Grundstock der früheren, ändert etwas im einzelnen und füllt die Lehre mit einem neuen Geist.

Die dadurch bedingten Unterschiede sind so groß, die Umstände, in welchen sich der Marxismus-Leninismus während jeder der drei Perioden entwickelt, so verschieden, daß wir heute drei Arten von Spezialisten mit dem Marxismus-Leninismus beschäftigen: nämlich die *Marxologen*, die *Leninologen* und die *Sowjetologen*. Jedes dieser Gebiete ist so groß, daß kein einzelner Mensch imstande ist, sie alle zu beherrschen. Freilich muß ein Sowjetologe gut in Lenin und Marx belesen sein; aber er braucht kein Spezialist auf diesen Gebieten zu sein und er kann es einfach nicht. Und umgekehrt auch: Ein wissenschaftlicher Kenner von Marx ist nicht von vornherein ein Kenner des Leninismus, und auch ein hervorragender Kenner des Leninismus ist noch kein Sowjetologe.

Marxologen, Leninologen, Sowjetologen

Dies wird nicht immer klar genug gesehen. Einerseits meinen einige, weil sie ein paar Werke von Marx gelesen haben, fähig zu sein, über das heutige Denken in der Sowjetunion zu sprechen; andererseits verlangt man oft von einem Sowjetologen Kenntnisse über Marx und Lenin, die er nicht haben kann. Alles das sind Mißverständnisse. In der Wissenschaft muß man sich leider spezialisieren und das gilt auch für unser Gebiet.

Marxismus

Ich komme jetzt zu einer kurzen Besprechung des *Marxismus*. Und zwar möchte ich zunächst jene Methode anwenden, die von Karl Marx selbst entwickelt worden ist. Eine der zentralen Thesen dieses Denkers ist nämlich die Behauptung, daß man ein soziales Denken nur auf Grund der Kenntnis des sozialen Lebens richtig verstehen kann. Die erste Aufgabe bei dem Versuch, einen Denker oder eine Periode zu verstehen, besteht also darin, daß wir nach ihrem Hintergrund fragen. Und zwar müssen wir dabei — über den Rahmen der Marxschen Methode hinausgehend — ebenso nach dem materiellen wie dem geistigen Hintergrund fragen.

materieller Hintergrund

Industrielle Revolution

Was ist also der materielle, wirtschaftliche und soziale Hintergrund für Karl Marx? Er ist bekannt: Der Hintergrund, der Rahmen, in dem Marx denkt, ist die westeuropäische, vor allem englische, industrielle Revolution — dieser gewaltige und grausame Sprung nach vorne in die industrielle Periode um die Hälfte des 19. Jahrhunderts. Dies ist, man muß es betonen, nicht etwa eine russische Angelegenheit, sondern eine rein westeuropäische.

englisches Element

Der Verlauf, den die industrielle Revolution in England und einigen anderen westeuropäischen Ländern genommen hat, ist ziemlich eigenartig. Es handelt sich um ein Stück unserer eigenen westeuropäischen Geschichte.

geistiger Hintergrund

deutsches Element

B. Bauer, L. Feuerbach, M. Striner, R. Strauss

Noch mehr westeuropäisch ist der geistige Hintergrund. *Karl Marx* gehört nämlich zu jener Generation der nach-hegelianischen deutschen Philosophen, die wieder in ihrer Art ganz einzigartig in der Geschichte stehen. Es sind Männer wie *Bruno Bauer, Ludwig Feuerbach, Max Striner, Rudolf Strauss* und ähnliche — merkwürdige, oft hochinteressante Gestalten. Marx kann ohne Kenntnis dieses Milieus überhaupt nicht verstanden werden. Ich kann hier in die Einzeldarstellung dieser Gruppe nicht eingehen, möchte nur betonen, daß, wie die industrielle Revolution, so auch jener geistiger Hintergrund von Marx ganz typisch für ein westeuropäisches Land ist, nämlich für Deutschland. Der Marxismus ist aus unserer eigenen geistigen Geschichte entstanden und ist ein Stück dieser Geschichte.

Ich habe das deutsche Element besonders betont, aber es steht nicht allein. Lenin sagte einmal, daß Marx die deutsche Philosophie, die englische Nationalökonomie und den französischen Sozialismus übernommen habe. Es ist viel Wahres in dieser Behauptung.

Denn, während seine Philosophie deutsch ist, so ist sein gesamtes nationalökonomisches Denken eine Kritik der im wesentlichen englischen Wirtschaftstheorie und es bewegt sich durchaus im Rahmen des britischen Denkens. Was aber die politische Lehre betrifft, so war Frankreich damals das bei weitem bedeutendste Land in dieser Hinsicht: die meisten politischen Theorien wurden im 18. und in der ersten Hälfte des 19. Jahrhunderts von den Franzosen gebildet.

französisches Element

Marxismus: Grundstock des Leninismus

Zusammenfassend: Wir haben es im Marxismus mit einem durch und durch westeuropäischen Phänomen zu tun. Das sollten jene nicht vergessen, die immer anstatt vom „Kommunismus“ vom „Osten“ sprechen. Der Marxismus-Leninismus ist freilich *nicht nur Marxismus*; aber der *Marxismus* bildet doch den Grundstock seiner Lehren. Und dieser Grundstock ist gar nicht östlich, sondern ganz und gar westlich, vor allem deutsch.

Leninismus

Nun wurde aber das Gedankengut von Marx und Engels wie auch das ihrer Nachfolger, von den Russen übernommen, vor allem von Lenin. Somit treten sie in einen ganz anderen materiellen und kulturellen Rahmen.

anderer materieller Rahmen

Zuerst ist der materielle Rahmen verschieden. Von einer industriellen Revolution wie etwa jener, die Marx in England erlebt hatte, kann in Rußland am Anfang unseres Jahrhunderts gar nicht die Rede sein. Es gab einen relativ schnellen Fortschritt der Industrie, aber Rußland war damals ein landwirtschaftliches, sagen wir kurz ein unterentwickeltes Land, in welchem nicht das Problem des industriellen Proletariats wie einst in England, sondern das Problem der Bauern zentral war. Man soll natürlich dabei nicht von einem

Zentralproblem: Bauern

„Feudalismus“ sprechen, wie es die Kommunisten gern tun. Rußland hat nie einen Feudalismus gekannt, außer in Randgebieten. Die gesamte wirtschaftlich-soziale Problematik, die Bedingungen des Lebens, waren ganz anders als in Westeuropa vor einem halben Jahrhundert. Das ist das eine.

anderer geistiger Hintergrund

Vielleicht noch gewichtiger ist der Unterschied zum geistigen Hintergrund Lenins. Freilich ist nicht viel erklärt, wenn man sagt, Rußland gehöre dem Osten oder gar Asien an. Es ist erstaunlich, wieviele Leute solch sinnleere Aussagen wiederholen. Rußland ist ja kein asiatisches Land. Wäre es auch eines, dann sollte man doch wissen, daß es in Asien verschiedene Kulturen, etwa die arabische, die indische, die chinesische und noch andere gibt — die untereinander vielleicht größere Unterschiede aufweisen als die westeuropäischen. Man hat also nichts gewonnen, wenn man den geistigen Hintergrund Lenins als „östlich“ oder gar „asiatisch“ gekennzeichnet hat.

russischer Kulturkreis

Dieser Hintergrund ist *russisch*. Aber nun bildet Rußland einen ganz besonderen Kulturkreis. Er weist mit dem unsrigen einige gemeinsame Züge auf. So hat z. B. das *Christentum* stark gewirkt, und die westeuropäischen Einflüsse seit *Peter dem Großen* sind in Rußland groß gewesen. Diese beiden Faktoren fehlen z. B. im indischen Kulturkreis fast gänzlich. Zusammen mit diesen gemeinsamen Zügen weist aber Rußland Züge auf, durch welche es sich vom westeuropäischen Kulturkreis auffallend unterscheidet. Das kann man vielleicht am besten verstehen, wenn man die geistige Geschichte dieses Riesenlandes betrachtet. Wir finden dann, daß die meisten Faktoren, die unsere Kultur beeinflußt haben, dort fast ganz unwirksam waren. Nur einige Beispiele: Rußland hat — außer in den Randgebieten — nie den *Feudalismus* erlebt; es hat jene, für unsere Geisteshaltung so gewichtigen Investiturkämpfe nie gekannt, eine *Scholastik* hat es nie entwickelt. Es gibt in Rußland kaum eine *Renaissance,* keine *Reformation,* keinen *Rationalismus* und keinen *Empirismus.*

europäische Entwicklung kaum wirksam

kommunistische Wahlen

Daraus ergibt sich, daß für den Russen zu Zeiten *Lenins* verschiedene Worte einen ganz anderen Sinn hatten als für uns. Nur ein Beispiel: *„Wahlen“*. In Westeuropa sind die Wahlen eine Lösung der Konflikte entgegengesetzter Interessen; wir denken uns also die Wahlen immer als eine Art friedlichen Kampfes zwischen Gruppen. Dagegen hat Rußland in seiner Geschichte nur ganz wenige Wahlen gekannt und diese wurden als eine Art Ritus durchgeführt, durch welchen sich das Individuum zur Gemeinschaft bekannte. Kein Wunder, daß die Kommunisten ihre wohlbekannten „Wahlen“ mit einer Einheitsliste durchführen und 99 neun Zehntel Prozent der Ja-Stimmen erreichen.

kommunistische Freiheit

Oder nehmen wir das Wort *„Freiheit“*. Ein mittelalterlicher Bauer — etwa im Gruyerzerland in meinem Kanton — war kein freier Mensch. Aber er konnte fast täglich wenigstens einen freien Menschen sehen, nämlich den Grafen von Gruyerz. Er konnte sich also seit vielen Jahrhunderten eine Idee davon machen, wie ein freier Mensch aussieht und was Freiheit ist. Die Lage des Russen ist eine ganz andere. Wie man trefflich einmal gesagt hat, kannten sie nur zwei Arten von Sklaven: Sklaven der Edelleute und Sklaven des Zaren. Es gab nur einen freien Menschen im gewaltigen Land — den Zaren — und der war so weit weg und so unzugänglich für die meisten Bürger, daß er fast zu einem Mythos wurde. Wie könnte also ein Russe dasselbe Verständnis der Freiheit haben wie ein Schweizer Bauer.

frei: nur der Zar

russische Intelligencia

Dostojewski

Tatsächlich wurde im Rußland des 19. Jahrhunderts eine geistige Haltung entwickelt, die sehr charakteristisch und vielleicht einmalig in der Welt ist. Ich meine die Haltung jener Klasse, die man „Intelligencia" nennt, und die so großartig etwa durch *Dostojewski* dargestellt worden ist. Diese *Intelligencia* hat damals eine lange Reihe von Denkern und Schriftstellern hervorgebracht, die russischen revolutionären Denker, von welchen Lenin ebensosehr wie von Marx direkt abhängig ist. Einen von ihnen, nämlich *Tschernyschewskij,* zitiert er immer als eine seiner wichtigsten Quellen. Ein anderer, *Dobroljubow,* hatte einen fast ebenso großen Einfluß auf ihn. Aber auch andere Revolutionäre wie *Tkatschow, Ogarew, Pisarew* und ähnliche wirkten auf ihn stark.

Tschernyschewskij

Dobroljubow,

Tkatschow, Ogarew, Pisarew

Alle diese Männer haben nun mit den oben genannten Denkern um Marx fast nichts gemeinsam. Was bei ihnen auffällt, ist erstens ein erstaunlicher Radikalismus und Extremismus. Zweitens ein metaphysischer Zug, die Tendenz, alles durch die höchsten Prinzipien zu erklären. Drittens eine *sakrale Aura.* Diese atheistischen Denker nehmen eine geradezu religiöse Haltung ein; und endlich ein sehr tiefes Verständnis für soziale Probleme und eine leidenschaftliche Hingabe an sie.

Extremismus metaphysischer Zug

Lenin ist nun einer von ihnen. Er ist ein Russe, der viele westeuropäische Bücher gelesen hat, der aber selbst im Ausland stets in einem russischen Ghetto lebte. Kein Wunder, daß der *Marxismus* in seinen Händen zu etwas anderem geworden ist als er ursprünglich war — nämlich zum *Marxismus-Leninismus.*

sowjetische Periode

Lenin hat nun Rußland erobert und seine Nachfolger haben es nach seinen Weisungen umgeformt. U. a. haben sie aus diesem primitiven, unterentwikkelten Land eine große industrielle Macht gemacht. Die Lebensumstände haben sich in der Sowjetunion im Vergleich zu jenen, die zu Zeiten Lenins herrschten, radikal geändert. Und zwar besteht diese Veränderung nicht nur darin, daß man große Fabriken aufgebaut hat. Um diese Fabriken und alles, was mit ihnen zusammenhängt, funktionieren zu lassen, mußten die Nachfolger Lenins eine ganze Generation von Menschen erziehen, die offenbar ganz anderer Art sind als die Genossen Lenins.

Um es schroff auszudrücken, man hat in der Sowjetunion heute anstatt einer Gruppe von leicht humanistisch angehauchten Demagogen eine Masse —

es handelt sich um ein Dutzend Millionen von Ingenieuren, Verwaltern, Beamten, die an guten Universitäten im technischen, rationalen Denken geschult worden sind. Kein Wunder, daß der *Marxismus-Leninismus* bei ihnen etwas anderes werden mußte als er es vorher war. Freilich wurde auch jetzt der Grundstock der Lehre von Marx, Engels und Lenin übernommen. Aber wieder wurde etwas fallengelassen, viel Neues zugefügt und ein *ganz neuer Geist hineingebracht.*

neue geistige Aspekte

Am besten sieht man dies vielleicht in der Moral. Marx und Lenin haben nur an die Vernichtung der bestehenden Moral gedacht. Lenin hat vor allem rein politisch, amoralisch gedacht. Er sagte einmal, daß gut und moralisch bloß das sei, was der Vernichtung der alten Welt diene. Am Anfang seiner Herrschaft hat man z. B. versucht, die herkömmlichen Regeln der geschlechtlichen Moral vollständig zu verwerfen. Betrachtet man aber die heutige Lehre, dann stellt man fest, daß es kaum ein Land gibt, wo so strenge puritanische Prinzipien herrschen — wenigstens der Lehre nach — wie in der Sowjetunion.

Warum? Mit den nihilistischen Prinzipien Lenins kann man natürlich keine gesunde Gesellschaft, keinen ordentlichen Staat formen. Der muß aber jetzt bestehen und sich entwickeln. Man gibt der Familie also eine überragende Rolle, man erzieht die Jugend zur Achtung vor den Alten, im Geist der Arbeitsamkeit, Keuschheit usw. So in der Moral. Man könnte ähnliche Veränderungen auch anderswo aufweisen.

Der letztgenannte Prozeß ist noch im Gange und vieles verändert sich ständig. Wir werden in der nächsten Vorlesung den Mechanismus dieses Prozesses und die wesentliche Struktur des heutigen Marxismus-Leninismus zu entziffern versuchen. Heute wollte ich nur auf eine, wenig beachtete und doch offenbare Tatsache hinweisen: Daß dieser Marxismus-Leninismus sich in den genannten drei Hauptperioden entwickelt und verändert hat.

Zusammenfassung zum Kapitel III:

GESCHICHTE

Die drei Perioden des Marxismus-Leninismus

1. **Die marxsche Periode von 1843 bis etwa 1900**

   Karl Marx 1818—1883
   Friedrich Engels 1820—1895
   Karl Kautsky 1854—1938
   Rudolf Hilferding 1877—1941 (großen Einfluß auf Lenin) u. a.

   a) **materieller, wirtschaftlicher, sozialer Hintergrund:**

   Der gewaltige, grausame Sprung Westeuropas, insbesondere Englands, in die industrielle Produktion um die Hälfte des 19. Jahrhunderts.

   b) **geistiger Hintergrund:**

   Das Gedankengut der nach-hegelianischen deutschen Philosophen (Bruno Bauer, Ludwig Feuerbach, Max Striner, Rudolf Strauss u. a.) — die britische Nationalökonomie — die Theorien des französischen Sozialismus im 18. Jahrhundert und in der ersten Hälfte des 19. Jahrhunderts.

2. **Die leninsche Periode von etwa 1900 bis 1924**

   Wladimir I. Lenin 1870—1924 („Was tun?" / 1902)

   Übernahme der Grundlehren von Marx und Engels durch Lenin in einen — im Vergleich zu Westeuropa — ganz anderen materiellen und kulturellen Rahmen:

   a) Andere Lebensbedingungen, andere wirtschaftlich-soziale Problematik (kein industrielles Proletariat, sondern unterentwickelte Landwirtschaft: Bauern als zentrales Problem).

   b) Andere geistige Grundlagen im russischen Kulturkreis (keine Investiturkämpfe, keine Scholastik, kaum eine Renaissance, keine Reformation, kein Rationalismus, kein Empirismus).

   Außer von Marx wurde Lenin ebenso von der russischen „Intelligencia" (Dostojewski) und ihren revolutionären Denkern (Tschernyschewskij, Dobroljubov, Tkatschov, Ogarev, Pisarev u. a.) beeinflußt.

3. Die sowjetische Periode nach 1924

Josef Stalin 1879—1953 und seine Nachfolger

Die Lebensumstände haben sich durch den technischen Fortschritt radikal geändert. Die Nachfolger Lenins haben seine nihilistischen Prinzipien zeitgemäß ausgeformt. Die frührevolutionäre Gruppe leicht humanistisch angehauchter Demagogen wurde durch ein Heer von Ingenieuren, Verwaltern und Beamten abgelöst, die im technischen, rationalen Denken geschult sind. Eine neue Generation wurde zwar mit dem Grundstock der Lehren von Marx, Engels und Lenin herangezogen, ihre geistige Einstellung ist jedoch sehr viel nüchterner.

Schlußbetrachtung: Der Marxismus-Leninismus hat sich in den drei angeführten Hauptperioden entwickelt und dauernd verändert, ohne jedoch seine revolutionäre Maxime „Sieg des Proletariats durch den Sieg der Partei!" auf dem Weg zum kommunistischen Endziel jemals aufzugeben.

IV. Geschichte seit der Revolution und heutiger Stand

Wir haben uns bis jetzt mit der Entwicklung des Marxismus-Leninismus bis zur Revolution befaßt und gesehen, daß wir drei Perioden unterscheiden müssen: Die marxsche, die leninsche und die sowjetische. Jetzt werden wir uns mit der letztgenannten beschäftigen — mit der Geschichte des Marxismus-Leninismus seit der Oktoberrevolution — die, wie bekannt, nicht im Oktober, sondern nach dem Gregorianischen Kalender im November 1917 stattgefunden hat. Die Kenntnis dieser Geschichte ist auch von großer Bedeutung für das Verständnis der heutigen Lehre — und auch im Hinblick auf sie gibt es genügend Mißverständnisse.

Ich werde wie folgt verfahren: Zuerst bespreche ich die Periodisierung der Geschichte seit 1917 in der Sowjetunion; dann werde ich ein Wort — aber nur ein Wort — über die neuere Entwicklung in den anderen kommunistischen Ländern sagen.

Anschließend möchte ich die Struktur des Marxismus-Leninismus, wie er heute ist, darstellen — und endlich werden wir versuchen, etwas über die möglichen zukünftigen Entwicklungen zu sagen.

Das Schema dieser Vorlesung sieht also etwa so aus:

1. Entwicklung in der Sowjetunion

2. Entwicklung in den anderen kommunistischen Ländern

3. Heutige Struktur

4. Über die Zukunft

Entwicklung in der Sowjetunion

Die Entwicklung in der Sowjetunion können wir in vier verschiedene Abschnitte unterteilen oder, wenn man den ersten, der ohne Bedeutung ist, wegläßt, in drei. Diese Abschnitte sind:

1. *Die Zeit des Kriegskommunismus,* etwa 1917 bis 1922, also fast bis zum Tode Lenins. Zu jener Zeit entstanden überhaupt keine ideologischen Arbeiten. Das Land ist in Bürgerkriege und Kriege mit anderen Mächten verwickelt und ist, nach den Vernichtungen, welche die Revolution gebracht hat, dabei, die elementaren Grundlagen des Lebens neu aufzubauen.

2. *Die erste Periode der Auseinandersetzungen* von 1922 bis Anfang 1931. Zu jener Zeit fängt eine rege ideologische, vor allem philosophische Arbeit an. Es bestehen zwei, sich gegenseitig bekämpfende Tendenzen, von denen jene, die durch *Deborin* vertreten wird, endlich zum Siege gelangt.

3. Die sogenannte *stille* oder auch *tote Periode* von Anfang 1931 bis Mitte 1947. Während dieser Periode wird der Marxismus-Leninismus streng kodifiziert, vor allem seit 1938 — und es gibt keine öffentlichen Diskussionen.

4. Endlich haben wir seit Juni 1947 *die zweite Periode der Auseinandersetzungen,* die in der Sowjetunion bis heute andauert.

Das Schema ist folgendes — einmal mit genaueren Daten:

1. Kriegskommunismus:	**1917—1922**
2. Erste Periode der Auseinandersetzungen:	**1922 bis 26. 1. 1931**
3. Stille Periode:	**26. 1. 1931 bis 19. 6. 1947**
4. Zweite Periode der Auseinandersetzungen:	**seit dem 20. 6. 1947**

Kriegskommunismus

Berdiaew, Il'in, Frank, Losskij

Vernichtung der philosophischen Überlieferung

keine ideologische Arbeit

Über die *erste Periode* ist nicht viel zu sagen. Es war eine Kriegsperiode und *inter arma silent Musae.* Ich möchte nur das Folgende dazu bemerken: Rußland hatte vor dem ersten Weltkrieg eine sich sehr schnell entwickelnde Philosophie; wie wertvoll sie war, ergibt sich schon daraus, daß die wenigen Philosophen dieser Zeit, die wir heute noch kennen, einen so großen Einfluß auf unser Denken gehabt haben. Es genügt, solche Namen wie *Berdiaew, Il'in, Frank, Losskij,* anzuführen. Keiner unter den älteren, bedeutenderen Philosophen konnte jedoch seine Tätigkeit nach der Revolution weiterführen. Die Tradition wurde gewaltsam abgebrochen. Dies gilt von anderen Gebieten nicht; so konnte sich z. B. die Psychologie weiterentwickeln, wie wir noch sehen werden. Aber in der Philosophie hat man die Überlieferung einfach vernichtet. Der Marxismus-Leninismus sollte jedoch erst später den Platz der alten Philosophie einnehmen. Augenblicklich gab es auf dem Gebiet der Theorie praktisch keine Arbeit.

1. Periode der Auseinandersetzungen

Diskussionen über die Kodifizierung

Ab 1922 jedoch beginnt die *zweite Periode,* die ich als erste Periode der Auseinandersetzungen gekennzeichnet habe. Der Marxismus-Leninismus war damals noch nicht kodifiziert. Ja, die „philosophischen Hefte" Lenins, eine seiner wichtigsten philosophischen Schriften, sind erst 1929 erschienen — und auch Engels' „Dialektik der Natur" erschien 1930. Um diese Kodifizierung der Lehre entspannt sich jetzt eine intensive Auseinandersetzung. Unter den Philosophen gab es vor allem zwei Richtungen, die später als „Mechanismus" und „Menschewisierender Idealismus" — vielleicht zu Unrecht — gekennzeichnet worden sind. Die letztgenannte verfügte über einen selbständig denkenden, eher hegelianisch ausgerichteten Denker, nämlich Professor *Abraham Mojsewitsch Deborin* (Pseudonym f. *A. M. Joffe*).

Deborin alias Joffe

Dieser betonte scharf das *dialektische Element* im Marxismus-Leninismus, während seine Gegner Nachdruck auf das *materialistische Element* legten. Zu jener Zeit gab es zahlreiche, teilweise sehr interessante Diskussionen. Alle bewegten sich freilich im Rahmen dessen, was man Marxismus-Leninismus nannte — andere Denkrichtungen wurden, wie bekannt, nicht toleriert — aber der Begriff des Marxismus-Leninismus war damals noch weitgehend unbestimmt.

Diesen Diskussionen wurde aber durch *Stalin* ein Ende bereitet. Er führte am 25. Januar 1931 einen Beschluß des Zentralkommitees durch, in welchem beide Richtungen, vor allem aber jene Deborins verurteilt wurden. Der betreffende Ukas ist am nächsten Tag in der Presse erschienen. Mit dem 26. Januar 1931 beginnt also die *dritte* unserer Perioden, nämlich die „stille" oder „tote". Man könnte sie auch die „stalinistische Periode" nennen, wenn es nicht Stalin selbst wäre, der ihr 1947 ein Ende machen sollte.

tote Periode

Säuberungen

Der „Kurze Kurs"

Kodifizierung 1938 durch Stalin

Zuerst die äußeren Vorgänge. Nach der Absetzung Deborins und anderer vorher tätigen Denker wurde jede Diskussion lahmgelegt. Es waren die Zeiten des *Terrors*, der *Säuberungen*, und dieser Terror äußerte sich zur Genüge auch in der ideologischen Arbeit. Am 11. November 1938 ist der bekannte „Kurze Kurs" der Geschichte der kommunistischen Partei erschienen. Die zweite Hälfte des vierten Kapitels trägt den Titel „Über den dialektischen und historischen Materialismus" und stammte von Stalin. In diesem kleinen und oberflächlich geschriebenen Katechismus wurden die wesentlichen Züge des philosophischen und soziologischen Teiles des Marxismus-Leninismus festgelegt. Ein Jahr später, 1940, erschien ein anderes wichtiges Werk, das „Kurze Philosophische Wörterbuch", von *Judin* und *Rosental* verfaßt, das fast ausschließlich aus Zitaten von Marx, Engels, Lenin und Stalin besteht. Diese zwei Schriften wurden jetzt zur dogmatischen Grundlage des gesamten sowjetischen Denkens — oder wenigstens des im Druck erscheinenden Denkens — in einem Ausmaß, wie wir es uns kaum vorstellen können.

Judin, Rosental dogmatische Grundlagen 1940

Die wesentlichen Züge der damaligen ideologischen Veröffentlichungen können wie folgt zusammengefaßt werden:

Begriff der „Klassiker"

1. Der Begriff der *„Klassiker"* wurde eingeführt und überall angewandt. Klassiker waren Marx, Engels, Lenin und Stalin, aber immer so, daß Marx in Engels' Deutung, beide in der Deutung Lenins und dieser nach Stalins Ansichten ausgelegt waren. Ihre Lehren galten als so absolutes Dogma, daß nicht ein einziges Mal an einem Satz eines Klassikers gezweifelt wurde.

2. Das meiste dessen, was man damals zu bieten hatte, bestand aus *Kommentaren* zu den Klassikern; und zwar mußten diese Klassiker bei jeder Gelegenheit wörtlich als Belege zitiert werden.

Baskin

Citatologija

Professor *Baskin* von der Universität Moskau sagte im Juni 1947: „Wir haben ja keine Philosophie, sondern nur *Zitatologie*". Die Ideologie war damals wie so vieles andere auch in der Sowjetunion zitatologisch.

Klassiker unantastbar

3. Ebensowohl die *Kenntnisse* wie das Niveau des *Problembewußtseins* war bei den Ideologen unglaublich niedrig. Die Diskussionen bestanden meistens darin, daß man den Gegner mit Zitaten aus den Klassikern angriff, ihn grob — sehr grob — beschimpfte — und ihm Abweichungen vorwarf. Alle Probleme schienen ein für alle Mal durch die Klassiker gelöst zu sein.

Man hat einmal gesagt, dies seien mittelalterliche Verhältnisse gewesen. Damit tut man aber dem Mittelalter unrecht. Denn im Mittelalter gab es stets mehrere, sich scharf bekämpfende Schulen. Auch das Niveau des Problembewußtseins und der Diskussion war im Mittelalter unvergleichlich höher als damals in der Sowjetunion. Man kann ohne Übertreibung sagen, daß wir etwas Ähnliches und dies auch mit Qualifikation — nur unter dem nationalsozialistischen Regime erlebt haben.

Ich will dabei nicht leugnen, daß damals hie und da nützliche Arbeit geleistet worden ist; so hat man sich ein wenig mit der Geschichte der Philosophie beschäftigt und auch die Psychologie entwickelte sich weiter, wenn auch unter schwierigen Bedingungen. Für die westlichen Disziplinen der Ideologie waren jene Jahre wahrlich eine tote Periode.

Stalin beendet tote Periode

Das Ende dieser Periode hat nun nicht etwa *Chruschtschow,* sondern Stalin selbst herbeigeführt. Es ist notwendig, dies einmal klar zu sagen. Wir neigen nämlich dazu, das zu übernehmen, was die Russen uns sagen. Im Zuge der Entstalinisierung haben die Russen aber Stalin aller möglichen Verbrechen angeklagt und ihrem neuen Herrscher Chruschtschow alles Gute angedichtet. Nun war Stalin ohne Zweifel der Urheber mancher Verbrechen; dies berechtigt aber nicht dazu, ihm auch solche zuzuschreiben, die er nicht begangen hat.

Liberalisierung durch Stalin

Sicher ist, daß die sogenannte *Liberalisierung des Denkens* in der Sowjetunion das Werk von Stalin selbst ist.

großer Philisophenkongreß 1947
Zdanows Diskussionsbefehl

Die Liberalisierung vollzog sich in zwei Eingriffen: Zuerst ließ Stalin am 20. Juni 1947 einen *großen Philosophenkongreß in Moskau* veranstalten, auf dem er durch *Zdanow* den Befehl zum Diskutieren erteilte. Am 24. Juni sagte Zdanow in seiner berühmten Rede auf diesem Kongreß, daß die Dialektik auch im Sozialismus nicht zum Stillstand kommen könne, die Dialektik schließe aber Widersprüche ein, also sollten die Ideologen untereinander diskutieren.

Der Befehl wurde gleich und offenbar freudigst befolgt. Eine große philosophische Zeitschrift wurde gegründet — die *Woprosy-Filosofii* — Fragen der Philosophie.

Woprosy-Filosofii

Wenig später wurden ähnliche Zeitschriften auch für andere Gebiete der Geisteswissenschaften gegründet. Die Woprosy-Filosofii wurden durch einen mutigen Gelehrten herausgegeben, von Professor *B. M. Kedrow.*

B. M. Kedrow

Kedrow führte sie im Geist der scharfen Auseinandersetzung. So veröffentlichte er einen sehr polemischen Aufsatz von einem gewissen *Kamenskij* gegen den russischen Chauvinismus und schrieb auch selbst gegen ihn. Freilich wurde Kedrow bald seines Postens als Chefredakteur der Woprosy enthoben — aber mit wechselndem Glück verbreitete sich die Freiheit der Ideologen seit dieser Zeit ständig.

scharfe Auseinandersetzung
Kamenskij

Das war der erste befreiende Eingriff Stalins. Der zweite, wichtigere, besteht in den berühmten *Briefen über die Linguistik* — die nicht ganz richtig so genannt werden, weil sie erstens keine Briefe sind, sondern mündliche Aussagen und zweitens nicht von der Linguistik, sondern von der Sprache handeln. Aber so nennt man sie in der Sowjetunion und deshalb übernehmen wir hier diese Bezeichnung.

Briefe über die Linguistik

In diesen Aussagen vom *20. Juni 1950* behauptete Stalin, daß die Sprache nicht klassengebunden sei, weil sie nicht mit der Basis — also mit den Produktionsverhältnissen — sondern mit der Produktion selbst zusammenhänge. Er setzte also stillschweigend die Prämisse voraus, daß alles, was mit der Produktion selbst direkt zusammenhängt, *was zur Erzeugung von Gütern notwendig ist, klassenfrei und allgemein menschlich sei.* Dadurch wurde eine kolossale Bresche in die monolitische Haltung der toten Periode gebrochen.

klassenfreie Produktionswerte

Denn — um nur ein paar Beispiele zu nennen — gehört zur Produktion nicht nur die Sprache, sondern auch die Technik, diese aber ist auf die Naturwissenschaft gegründet. Man mußte also jetzt sagen, daß die Naturwissenschaft nicht eine Klassenangelegenheit sei und deshalb auch keine Parteiangelegenheit — sie kann frei sein. In einer Art Osmose verbreitete sich damit die relative Freiheit immer weiter.

Naturwissenschaft: klassen- und parteifrei

relative Freiheit

Durch diese zwei Eingriffe — von 1947 und 1950 — hat Stalin also die tote Periode beendet und den Anfang der *letzten Periode,* in welcher die Sowjetunion jetzt lebt, gemacht.

Diese zeitgenössische Periode — sie dauert jetzt schon 26 Jahre — darf man nicht etwa als eine Zeit voller Freiheit des Denkens auf dem Gebiete der Ideologie auffassen. Auch diese Periode ist weiter an die Klassiker und an die Deutung dieser Klassiker durch die Partei gebunden. Aber verschiedenes hat sich geändert. Das Wesentliche besteht hier darin, daß man innerhalb

zeitgenössische Periode

Differenzierung der relativen Freiheit

des sowjetischen Denkens heute drei verschiedene Teile oder, wenn man will, drei Zonen unterscheiden kann, in denen der Grad der Freiheit sehr verschieden ist. Ich nenne diese Zonen so:

1. Der Kernglaube

2. Der spekulative Überbau

3. Die Randgebiete

Kernglaube

Der *Kernglaube* besteht in einer relativ kleinen Zahl von einfachen weltanschaulichen Sätzen wie z. B.: Es gibt keinen Gott. Der Kommunismus wird notwendig siegen. Der Kapitalismus ist moralisch schlecht und ähnlichen Behauptungen.

spekulativer Überbau

Der *spekulative Überbau* enthält dagegen eine ziemlich große Zahl sehr abstruser, meist in Hegelscher Sprache formulierter Sätze. Ein paar Beispiele: Es gibt eine dialektische Logik. Alles entwickelt sich sprunghaft. Der Zufall ist ein Moment der Notwendigkeit, usw.

Randgebiete

Endlich beziehen sich die Sätze, die ich den *Randgebieten* zugeschrieben habe, auf Fragen, die sozusagen an der Grenze zwischen der Ideologie einerseits und den Fachwissenschaften andererseits liegen. Gibt es eine mathematische Logik? — Ist die allgemeine Relativitätstheorie wahr? — Ist die Kybernetik legitim? — Das sind Beispiele solcher Sätze.

Sowjetunion: Kernglaube streng, dogmatische Randgebiete fast frei

Heute stehen wir vor folgender Situation: Während der *Kernglaube* — also die weltanschaulichen Sätze der Ideologie — weiterhin dogmatisch angenommen werden und keiner Diskussion unterstehen, während man sie nicht einmal anders deuten darf, als es die Partei tut — herrscht in den Randgebieten eine beinahe vollständige Freiheit. Dort kann man verschiedene Ansichten vertreten und die Diskussion entwickelt sich relativ frei. Was aber die Mittelzone — den *spekulativen Überbau* — betrifft, so stellen wir hier etwas Merkwürdiges fest: Einerseits darf ein sowjetischer Ideologe die Aussagen Lenins oder von Marx nicht verwerfen. Andererseits darf er sie aber deuten — und diese Deutung geht manchmal so weit, daß er sie vollständig umdeutet oder ihren Sinn wegdeutet.

spekulativer Überbau umdeutbar

So sieht es also heute aus. Es ist noch zu bemerken, daß die *relative Freiheit* nicht in allen Gebieten gleich ist. Im allgemeinen kann man sagen, daß, je näher ein Gebiet der praktischen Politik steht, desto strenger ist die Kontrolle und umgekehrt. So gibt es etwa in der Kritik des Kapitalismus viel weniger Freiheit als in gewissen Zweigen des Dialektischen Materialismus.

praktische Politik bestimmt Kontrolle

Soweit über die Sowjetunion. Ich muß noch ein Wort über die anderen kommunistischen Länder sagen. Es handelt sich hier um ziemlich komplexe Probleme. Man muß zunächst zwischen solchen Ländern unterscheiden, die

andere kommunistische Länder

keine oder nur eine sehr schwache eigene kulturelle Vergangenheit und Tradition hatten und solchen, die, wie z. B. *Polen*, über eine solche verfügten. Andererseits muß man jene Länder, die durch die Rote Armee erobert worden sind, wie *Ungarn*, von jenen unterscheiden, die aus eigenen Kräften eine Revolution durchgeführt haben wie *China* und *Jugoslawien*. Aus beiden Unterschieden ergeben sich ganz verschiedene Fragen und es ist sehr schwer, allgemein gültige Aussagen zu machen. Das Folgende darf jedoch gesagt werden:

unterschiedliche Tradition

Eroberung durch Rote Armee eigene Revolution

1. Mit einer einzigen Ausnahme Jugoslawiens halten die Kommunisten in all diesen Ländern am Kernglauben des Marxismus-Leninismus fest. In dieser Hinsicht gibt es z. B. zwischen der Sowjetunion und China überhaupt keinen Unterschied.

Festhalten am Kernglauben

2. Sehr viel wurde auch vom sowjetischen spekulativen Überbau übernommen. Es ist vielleicht keine Übertreibung, wenn man behauptet, daß auch in dieser Hinsicht die Unterschiede — wieder mit Ausnahme von Jugoslawien — eher klein sind.

Übernahme des sowjetischen Überbaus

3. Einige Zersetzungsphänomene sind in diesen Ländern — so vor allem in Jugoslawien, aber auch in Polen und Ungarn — stärker hervorgetreten, als in der Sowjetunion und zwar öfters in Gestalt eines Rückgriffs auf den authentischen, meist *jungen Marx*.

Zersetzungsanzeichen

Damit sind wir bei der letzten Frage, die ich heute noch kurz berühren möchte:

Wie sieht die Zukunft des Marxismus-Leninismus aus?

Zukunftsaussichten

Es ist nicht leicht, etwas Sicheres darüber zu sagen. Die Spezialisten sind hier geteilter Meinung:

Die einen — nennen wir sie „Marxistisch-leninistische *Pessimisten*“ — meinen, daß die Zersetzung in Gestalt der fortschreitenden Befreiung des Denkens von der dogmatischen Bindung und von der Kontrolle durch die Partei von den Grenzgebieten durch den spekulativen Überbau auf den Kernglauben übergehen wird. Der Marxismus-Leninismus ist in der Auflösung begriffen. Innerhalb einer Generation dürfte er zunächst in den Ländern wie Ungarn und Polen, dann aber auch in der Sowjetunion selbst verschwinden. Soweit die Pessimisten.

Pessimisten

gegen Befreiung von Dogma und Parteikontrolle

Andere — ich nenne sie „Marxistisch-leninistische *Optimisten*“ halten dagegen, daß das, was heute im Gange ist, keine Auflösung, sondern nur eine Säuberung des im Grund moralischen und weltanschaulichen Kernglaubens bedeutet. Dieser wird vom Unsinn des DIAMATS und HISTOMATS, wie auch von anderen traditionellen, falschen, ja unsinnigen Lehren befreit — und dadurch nicht geschwächt, sondern im Gegenteil bedeutend gestärkt werden.

Optimisten

für Säuberung des Kernglaubens

Marxismus-Leninismus weiterhin lebendig

Ich persönlich weiß nicht, welche der beiden Parteien recht hat. Eine Prognose möchte ich jedoch wagen: Es scheint mir, daß der Marxismus-Leninismus lebendig genug ist, um in den nächsten — sagen wir zehn Jahren — als ein geistige Kraft zu wirken, die vielleicht für seine Gegner gefährlicher sein wird als bisher. Jedenfalls möchte ich vor der Illusion warnen, ihn als schon verschwunden zu betrachten. Das ist sicher nicht der Fall.

Zusammenfassung zum Kapitel IV:

GESCHICHTE SEIT DER REVOLUTION UND HEUTIGER STAND

Entwicklung in der Sowjetunion

1. **Die Zeit des Kriegskommunismus etwa 1917 bis 1922**

   Keine ideologischen Arbeiten, Neuaufbau der elementarsten Grundlagen des Lebens nach Revolution und Bürgerkrieg. Die philosophische Tradition gewaltsam abgebrochen.

2. **Erste Periode der Auseinandersetzung 1922 bis Anfang 1931**

   Reges ideologisches, insbesondere philosophisches Denken. Lenins „philosophische Hefte", 1922, Engels „Dialektik der Natur", 1930, erschienen. Diskussion um die Kodifizierung des Marxismus-Leninismus zwischen den Vertretern des „Mechanismus" und des „Menschewisierenden Idealismus" des Hegelianers Deborin alias A. M. Joffe, der das dialektische Element scharf betont, während seine Gegner auf das materialistische Element eingeschworen sind. Joffe setzt sich schließlich durch.

3. **Stille oder auch tote (stalinistische) Periode 1931 bis Mitte 1947**

   Stalin bereitet durch Beschluß des Zentralkommitees 1931 der öffentlichen Diskussion ein Ende. Zeiten der Säuberungen und des Terrors. Der Marxismus-Leninismus wird streng kodifiziert. Im „Kurzen Kurs" 1938 legt Stalin („Über den dialektischen und historischen Materialismus") die wesentlichen Züge des philosophischen und soziologischen Teiles des Marxismus-Leninismus verbindlich fest. 1940 ercheint das „Kurze philosophische Wörterbuch" von Judin und Rosenthal (ausschließlich Zitate von Marx, Engels, Lenin und Stalin). Diese beiden Schriften werden nun zur dogmatischen Grundlage des gesamten im Druck erscheinenden sowjetischen Denkens.
   Wesentliche Züge:

   a) Einführung des Begriffes der Klassiker (Marx, Engels, Lenin und Stalin), wobei Stalins Ansichten dominieren.

   b) Die Ideologie ist bloße Zitatologie (Citatologija).

   c) Alles kann durch die Klassiker gelöst werden. Kenntnisse und Problembewußtsein auf unglaublich niedrigem Niveau.

   Diese tote Periode beendet Stalin paradoxerweise selbst mit dem großen Philosophenkongreß 1947. Zdanows Rede eröffnet die Diskussion. Gründung der philosophischen Zeitschrift „Woprosy-Filosofii"

(B. M. Kedrow). In den Briefen über die Linguistik, 1950, anerkennt Stalin klassenfreie, allgemein menschliche geistige Gebiete (Sprache, Technik, Naturwissenschaft). Relative Freiheit.

4. **Die zeitgenössische Periode seit 1947 bzw. die zweite Periode der Auseinandersetzungen**

   Deutung der Klassiker durch die Partei weiterhin gebunden. Jedoch Differenzierung und Erweiterung der relativen Freiheit:

   a) **Der Kernglaube**

      Relativ kleine Zahl von weltanschaulichen Sätzen (Es gibt keinen Gott. Der Kommunismus wird notwendig siegen u. a.).

   b) **Der spekulative Überbau**

      Große Anzahl abstruser Sätze (Es gibt eine dialektische Logik. Alles entwickelt sich sprunghaft u. a.).

   c) **Die Randgebiete**

      Grenzfragen zwischen Ideologie und Fachwissenschaften (Gibt es eine mathematische Logik? Ist die allgemeine Relativitätstheorie wahr? u. a.).

   Heutige Situation: Der Kernglaube (Ideologie) weiterhin unantastbar, streng dogmatisch. In den Randgebieten können verschiedene Ansichten vertreten werden. Was den spekulativen Überbau angeht, dürfen Marx und Lenin zwar nicht verworfen, jedoch fast völlig umgedeutet werden. Je näher ein Gebiet zur praktischen Politik steht, desto stärker ist die Kontrolle (z. B. Kritik des Kapitalismus).

Entwicklung in den anderen kommunistischen Ländern

1. Mit Ausnahme Jugoslawiens halten alle kommunistischen Länder am Kernglauben fest. Darin besteht zwischen der Sowjetunion und China kein Unterschied.

2. Auch im spekulativen Überbau keine großen Unterschiede, ebenfalls mit Ausnahme Jugoslawiens.

3. Gewisse Zersetzungserscheinungen (Jugoslawien, Polen, Ungarn) in Gestalt eines Rückgriffs auf den authentischen, meist jungen Marx.

Prognose: Die marxistisch-leninistischen Pessimisten meinen, daß eine fortschreitende Befreiung des Denkens (gegen Dogma und Parteikontrolle) bis zum Kernglauben vorstoßen und ihn zersetzen wird. Die marxistisch-leninistischen Optimisten halten dagegen, daß eine fortschreitende Säuberung des moralischen weltanschaulichen Kernglaubens diesen bedeutend stärken wird.

Schlußbetrachtung: Der Marxismus-Leninismus scheint heute lebendig genug zu sein, um als geistige Kraft — für seine Gegner vielleicht gefährlicher als bisher — in nächster Zukunft weiterzuwirken. Es ist eine Illusion, ihn als schon verschwunden zu betrachten.

V. Kritik des Kapitalismus

Nach unseren einführenden und historischen Ausführungen müssen wir jetzt den Inhalt des Marxismus-Leninismus, wie er heute vor allem in der *Sowjetunion,* aber auch anderswo gelehrt wird, betrachten.

Grundlagen: kommunistische Moral und Kritik des Kapitalismus

Bei dieser Darstellung werden wir freilich von der Reihenfolge, die bei den Kommunisten selbst üblich ist, abweichen. Denn die tragende Basis des Marxismus-Leninismus sind nicht jene abstrakten Prinzipien des DIAMATS, von denen die Kommunisten immer ausgehen. Wie ich hier schon einmal gesagt habe, liegt dem gesamten Gebäude die *Moral* zugrunde — und diese haben wir in einer besonderen Vorlesung behandelt. Neben der Moral gibt es aber auch eine andere Grundlage, nämlich die *Kritik des Kapitalismus.* Man könnte etwa sagen, daß die Moral die positive Seite darstellt — sie besagt, was man *erreichen* will — dagegen macht die Kritik des Kapitalismus das Negative aus — sie beschreibt das, was man unbedingt *verwirft.* Die logische Struktur kann vielleicht wie folgt dargestellt werden:

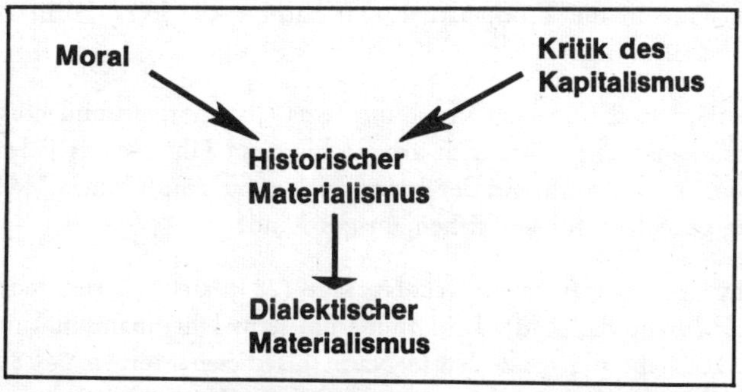

Wir wollen uns nun der Kritik des Kapitalismus zuwenden und ihre Grundthesen kurz darstellen.

Gesellschaftsverhältnisse zur Zeit Marxens

Das meiste davon geht auf Karl Marx zurück. Freilich wurde hie und da etwas hinzugefügt; andere Elemente der Lehre wurden einseitig, dogmatisch aufgefaßt, in einer Art und Weise, die Marx selbst vielleicht nicht genehm sein würde. Aber trotzdem handelt es sich um Marxsche Gedanken. Um die kommunistische Kritik zu verstehen, müssen wir uns also in die Zeit von Karl Marx versetzen und mit seinen Augen die Lage sehen. Das ist, so scheint mir, unsere erste Aufgabe.

Industrielle Revolution

Was hat nun Marx um die Mitte des 19. Jahrhunderts gesehen? Die industrielle Revolution, vor allem in England, mit der sie begleitenden, wahr-

Ausbeutung der Arbeiter

lich unglaublichen Härte des Lebens der Arbeiter, mit der grausamen Ausbeutung dieser Arbeiter durch die Fabrikbesitzer.

Beispiele aus Marxens „Kapital"

Alles das hat Marx im ersten Band des „Kapitals" großartig dargestellt. Es ist wahrlich schade, daß so wenige Leute sich die Mühe genommen haben, dieses Werk zu lesen. Denn ohne es gelesen zu haben, kann man überhaupt keinen Zugang zur kommunistischen Mentalität gewinnen, man kann kein Verständnis für den Marxismus-Leninismus haben.

Ich möchte Ihnen nun ein paar Stellen aus diesem Werk vorlesen:

Ausbeutung von Kindern

„Herr Broughton ... (Friedensrichter) erklärte ... Um 2, 3, 4 Uhr des Morgens werden Kinder von 9 bis 10 Jahren ihren schmutzigen Betten entrissen und gezwungen, für die nackte Substanz bis 10, 11, 12 Uhr nachts zu arbeiten, während ihre Glieder wegschwinden, ihre Gestalt zusammenschrumpft, ihre Gesichtszüge abstumpfen und ihr menschliches Wesen ganz und gar in einem steinähnlichen Torpor erstarrt, dessen bloßer Anblick schauderhaft ist ..."

Aus dem „First Report of the Children's Employment Commission" vom 13. Juni 1863 ...: Wilhelm Wood, neunjährig, „war sieben Jahre zehn Monate alt, als er zu arbeiten begann". Er ‚run moulds' (trug die fertig geformte Ware in die Trockenstube, um nachher die leere Form zurückzubringen) von Anfang an.

Er kommt jeden Tag in der Woche um sechs Uhr morgens und hört auf um neun Uhr abends ungefähr. „Ich arbeite bis neun Uhr abends jeden Tag in der Woche. So z. B. während der letzten sieben bis acht Wochen." Also fünfzehnstündige Arbeit für ein siebenjähriges Kind!

J. Murray, ein zwölfjähriger Knabe, sagt (254) aus: „I run moulds and turn jigger (drehe das Rad). Ich komme um sechs Uhr, manchmal um 4 Uhr morgens. Ich habe die ganze letzte Nacht bis diesen Morgen um 8 Uhr gearbeitet. Ich war nicht im Bett seit der letzten Nacht. Ich bekomme sechs Schillinge sixpence (1 Taler, 5 Groschen). Ich bekomme nicht mehr, wenn ich die ganze Nacht durcharbeite. Ich habe in der letzten Woche zwei Nächte durchgearbeitet ..."

„Als eine Klasse repräsentieren die Töpfer, Männer und Frauen ... eine entartete Bevölkerung, physisch und moralisch. Sie sind in der Regel verzwergt, schlecht gebaut, und oft an der Brust verwachsen ... die Lebenszeit in den Töpferdistrikten ist außerordentlich kurz ..."

„Death from Overwork" ... Es handelte sich um den Tod der Putzmacherin Mary Anne Walkey, zwanzigjährig, beschäftigt in einer sehr respektablen Hofputzmanufaktur, exploitiert von einer Dame mit dem gemütlichen Namen Elise.

Die alte, oft erzählte Geschichte wurde nun neu entdeckt, daß diese Mädchen durchschnittlich sechzehn einhalb Stunden, während der Saison aber oft dreißig Stunden ununterbrochen arbeiten . . .

Mary Anne Walkley hatte 26½ Stunden ohne Unterlaß zusammen mit 60 anderen Mädchen gearbeitet, je 30 in einem Zimmer, das kaum ein Drittel der nötigen Kubikzoll Luft gewährte, während sie nachts zu zweien ein Bett teilten . . . Der zu spät ans Sterbebett gerufene Arzt, Herr Keys, bezeugte vor der „Coroner's Jury" . . . „Mary Anne Walkley sei gestorben an langen Arbeitsstunden in einem überfüllten Arbeitszimmer und überengem, schlecht ventilierten Schlafgemach."

In einem Walzwerk, wo der nominelle Arbeitstag von sechs Uhr morgens bis fünf Uhr dreißig abends dauerte, arbeitete ein Junge vier Nächte jede Woche bis mindestens acht Uhr dreißig abends des nächsten Tages . . . und dies sechs Monate lang.

Ein anderer arbeitet im Alter von neun Jahren manchmal drei zwölfstündige Arbeitsschichten nacheinander und im Alter von zehn Jahren arbeitet einer zwei Tage und zwei Nächte nacheinander.
Ein dritter, jetzt zehn Jahre, arbeitet von morgens sechs Uhr bis zwölf Uhr in die Nacht, drei Nächte durch und bis neun Uhr abends während der anderen Nächte . . .

George Allinsworth, neunjährig: „Ich kam hierher am letzten Freitag. Am nächsten Tag mußten wir um drei Uhr morgens anfangen. Deshalb blieb ich die ganze Nacht hier. Ich wohne fünf Meilen von hier. Ich schlief auf dem Flur, unter mir ein Schurzfell und mit einer Jacke bedeckt. An zwei anderen Tagen war ich um sechs Uhr morgens hier. Ja! Dies ist ein heißer Platz. Bevor ich hierher kam, arbeitete ich ebenfalls ein Jahr lang an einem Hochofen . . ."

„Ich begann auch am Samstag um drei Uhr morgens, konnte aber wenigstens nach Hause zum Schlafen gehen, weil ich in der Nähe wohnte. An den anderen Tagen fing ich um sechs Uhr mrogens an und hörte um sechs oder sieben Uhr abends auf."

sehr niedriger Bildungsstand

Die Bildungsstufe dieser „Arbeitskräfte" . . .: Jeremias Heynes, zwölf Jahre alt: „. . . viermal vier ist acht, aber vier Vierer sind sechzehn . . . Wir haben einen König, man sagt, es ist eine Königin, sie nennen sie Prinzessin Alexandra . . ."

Wm. Turner, zwölfjährig: „Lebe nicht in England. Ich denke es gibt ein solches Land, wußte nichts davon."

John Morris, vierzehnjährig: „Ich habe gehört, daß Gott die Welt gemacht hat und daß alles Volk ersoff, außer einem: ich hörte, daß dies ein kleiner Vogel war . . ."

Edward Taylor, fünfzehnjährig: „Weiß nichts von London."

Da haben wir es. Kleine Kinder, die zwölf Stunden arbeiten müssen, Mädchen, die an Überarbeitung sterben, Entartung ganzer Menschengruppen, furchtbarer Stand der Bildung. Daneben reiche Kapitalisten, denen nichts fehlt, die fromm und moralisch leben, die fest an eine von Gott festgelegte Ordnung der Welt und der Gesellschaft glauben — ein Staat, der diese Reichen gegen die ausgebeuteten und sterbenden Kinder durch seine Polizeimacht schützt.

Ausbeuter und Ausgebeutete

Man versteht, daß *Marx* sich gesagt hat: *Das muß aufhören.* Die Ausbeutung muß aufhören. Die Spaltung der Gesellschaft in die große Masse der Ausgebeuteten und die kleine Gruppe der Ausbeuter muß aufhören. Der Staat, die böse Macht hinter den Reichen, muß vernichtet werden. Die Religion, die Moral dieser Ausbeuterklasse, muß zerschlagen werden. *Die Revolution ist die heiligste Pflicht jedes Menschen.*

Frühkapitalistische Zustände nicht mehr vorhanden

Psychologisch bilden diese Feststellungen den Schlüssel zum Verständnis der Haltung von Karl Marx und auch des heutigen Kommunismus, freilich mit dem kleinen Unterschied, daß obwohl die Zustände, die Marx erlebte, nicht mehr vorhanden sind, die Kommunisten sie als weiterbestehend voraussetzen.

Abschaffung des Privateigentums an Produktionsmitteln

Wie ist das möglich? — Es ist deshalb möglich, weil *Marx* nicht nur Feststellungen gemacht und moralische Schlüsse aus ihnen gezogen hat, sondern auch eine Theorie aufbaute, die beweisen sollte, daß die von ihm beschriebene Ausbeutung so lange bestehen bleibt, so lange man nicht das *Privateigentum an Produktionsmitteln* aufhebt. Seine Theorie soll sogar mehr als das beweisen: Die Ausbeutung, das Elend, die Leiden der Arbeiter, müssen im Verlauf der Zeit immer schlimmer werden. Diese Theorie liegt nun dem Marxismus-Leninismus zugrunde. Wir müssen sie jetzt kurz darzustellen versuchen.

Sie zerfällt in zwei Hauptteile: Die *Lehre vom Mehrwert* und die *Lehre von der Entwicklung der kapitalistischen Wirtschaft.*

Mehrwertslehre

Die Lehre vom Mehrwert kann auf viele Hauptpunkte gebracht werden:

1. Arbeitswerttheorie

2. Lehre vom Wert der Arbeitskraft

3. Mehrwertslehre selbst

4. Lehre vom Profit

1. Punkt: Arbeitswerttheorie:

Der Wert jeder Ware ist genau durch die darin investierte gesellschaftliche Arbeit bestimmt. Das heißt: Wenn zur Erzeugung einer Ware durchschnittlich zweimal soviel Stunden Arbeit notwendig sind, wie zur Erzeugung einer anderen, dann ist der Wert der ersteren zweimal so groß wie jener der zweiten. Diese Lehre hat Marx bei den klassischen Nationalökonomen vorgefunden.

Arbeit bestimmt den Warenwert

2. Punkt: Lehre vom Wert der Arbeitskraft:

Die menschliche Arbeitskraft wird im kapitalistischen System als eine Ware betrachtet, denn der Arbeiter verkauft sie ja dem Fabrikanten. Also muß ihr Wert genauso bestimmt werden, wie der Wert jeder anderen Ware. Das bedeutet aber, daß der Wert der Arbeitskraft dem Wert jener Dinge entspricht, die notwendig sind, um den Arbeiter leben zu lassen und ihn auch im Alter zu ersetzen. Mit anderen Worten: Der Wert der Arbeitskraft ist der Wert der Nahrung, Wohnung und anderer Lebensbedürfnisse des Arbeiters selbst und seiner Familie.

Arbeitskraft entspricht dem Wert der Lebensbedürfnisse

3. Punkt: Mehrwertslehre:

Nach Marx ist die menschliche Arbeitskraft das einzige in der Welt, das mehr produziert, mehr erzeugt, als es selbst wert ist. Dieses Mehr heißt bei ihm: „Mehrwert". Die menschliche Arbeitskraft erzeugt also Mehrwert und nur sie. So erzeugt z. B. ein Arbeiter im Laufe von sechs Stunden genug, um leben und seine Familie unterhalten zu können; er arbeitet aber zehn Stunden. Während der letzten vier Stunden produziert er einen Mehrwert.

Arbeitskraft produziert über eigenen Wert hinaus

4. Punkt: Lehre vom Profit:

Der gesamte Reingewinn, der Profit des Kapitals, wie Marx sagt, d. h. genauer, des Unternehmers, stammt gerade aus dem Mehrwert, den der Arbeiter ausgearbeitet hat und der ihm ohne Entschädigung weggenommen wird. Denn — wieder nach Marx — können weder die Rohstoffe, die in der Fabrikation gebraucht werden, noch die Geräte, Werkzeuge, Maschinen, Bauten usw. mehr erzeugen als sie gekostet haben. Im Preis der Ware erhält der Kapitalist nur ihren Wert — z. B. bei den Maschinen den Anteil an ihrer Amortisation — und nichts mehr. Der ganze Gewinn muß also aus dem Mehrwert stammen. Der Profit des Kapitalisten ist der gestohlene Mehrwert.

Profit ist gestohlener Mehrwert

All das ist freilich so unrichtig, daß nur ganz wenige Nationalökonomen sich heute damit auseinandersetzen wollen. Die *Mehrwertslehre* enthält nämlich zu viele grobe Irrtümer. So ist nicht einzusehen, wieso der Wert einer Ware der Arbeit und der Arbeit allein entsprechen sollte.

Auch wenn er ihr entspräche, müßte man fragen: *Welcher* Arbeit? — Die Arbeit eines genialen Ingenieurs schafft tausendfach mehr als die Arbeit eines Handlangers!

Dann aber: Was meint man unter „Lebensbedürfnissen"? — Bloße Nahrung? — Wohl nicht, da der Arbeiter auch wohnen und sich kleiden muß. Gehört dazu etwa auch ein Moped oder gar ein Volkswagen? Warum nicht? Wie man sieht, handelt es sich *um ganz unfaßbare Größen.*

Weiter: Kann man wirklich sagen, daß der *Mehrwert* nur durch die physische Arbeit geschaffen wird und nicht auch durch die geistige Arbeit des Organisators? Es sieht so aus, als ob die letztgenannte Arbeit für den Erfolg von weit entscheidenderer Bedeutung wäre als die erste. Wieso wird das Ergebnis der Arbeit dem Arbeiter allein zugeschrieben?

Das sind nur einige unter den vielen Bedenken, die man dieser Lehre gegenüberstellt; sie ist ganz unhaltbar. Soweit die *Mehrwertslehre.*

Entwicklung der kapitalistischen Wirtschaft

Der andere Teil derselben Theorie befaßt sich mit der *Entwicklung der kapitalistischen Wirtschaft.* Er enthält im wesentlichen drei Lehren: Die Lehre von der Zentralisation und Konzentration, die Krisentheorie und die Verelendungstheorie.

1. Konzentrations- und Zentralisationslehre
2. Krisentheorie
3. Verelendungstheorie

Konzentration und Zentralisationstheorie

Die zwei ersten können ganz kurz genannt werden. Im Verlauf der *Entwicklung des Kapitalismus* werden kleinere Unternehmen durch größere aufgesogen und kleinere Kapitalisten durch die größeren aufgekauft, so daß am Ende nur eine ganz kleine Gruppe von Großkapitalisten einerseits und eine große Schar von Proletariern andererseits übrig bleibt.

Krisentheorie

Die *Krisentheorie* lehrt, daß der *Kapitalismus* notwendig — und zwar etwa jedes zehnte Jahr — zu Krisen führt, an denen schließlich das gesamte System zugrunde gehen muß. Wie bekannt, gab es tatsächlich einmal zyklisch wiederkehrende wirtschaftliche Krisen; man hat jedoch gelernt, sie zu vermeiden, und heute sind sie selten geworden. Trotzdem halten die Kommunisten an den alten marxistischen Lehren fest und lehren weiter, daß der Kapitalismus ungefähr jedes zehnte Jahr eine Krise durchzumachen habe.

Verelendungstheorie

Viel wichtiger ist die *Verelendungstheorie.* Sie besteht im wesentlichen aus folgenden Behauptungen: der Kapitalist versucht, die Produktion zu rationalisieren, d. h. zu mechanisieren. Er setzt mehr und mehr vollkommene Maschinen ein. So kann er Arbeiter entlassen und die Zahl der Arbeitslosen muß im Kapitalismus ständig steigen. Es entsteht eine Arbeitsreservearmee; das Angebot an Arbeitskräften steigt und damit fällt auch der Preis der Arbeitskraft, der Lohn. Das bedeutet aber, daß die Arbeiter immer elender werden müssen.

Verelendungstheorie widerlegt

Diese *Verelendungstheorie* wurde durch die tatsächliche Entwicklung der Verhältnisse in allen industriellen Ländern eindeutig widerlegt: Nicht nur wurde die wirtschaftliche Lage der Arbeiter nicht schlimmer, sondern sie verbesserte sich im Laufe der Zeit ständig. In allen diesen Ländern arbeitet man heute viel weniger als zur Zeit von Marx, und die realen Löhne sind überall bedeutend höher.

absolute und relative Verelendung

Doch die Kommunisten hielten noch bis vor wenigen Jahren an der hier skizzierten sogenannten *absoluten Verelendungstheorie* fest. Sie ist aber so offenbar falsch, daß die Kommunisten heute immer mehr von der sogenannten *relativen Verelendung* sprechen. Die Arbeiter sollen demgemäß zwar höhere Reallöhne erhalten, in absoluten Ziffern, aber ihr *Anteil am Sozialprodukt* soll immer kleiner werden. Leider ist auch diese abgeschwächte Theorie falsch: Denn auch der relative Anteil der Arbeiter am Sozialprodukt ist überall gestiegen.

Das Paradoxe dabei ist, daß Karl Marx, der Verfasser all dieser Theorien, wesentlich dazu beigetragen hat, daß sie durch die tatsächliche Entwicklung falsifiziert worden sind. Er ist nämlich einer der bedeutendsten Urheber der *Arbeiterbewegung*, die für die Arbeitnehmer immer bessere Bedingungen und Löhne erkämpft hat.

zum Schaden der Arbeiterbewegung

Wir haben also eine wahrlich erstaunliche Tatsache vor uns: Ein großer Denker — denn so darf man Marx wohl nennen — hat eine Theorie aufgebaut und selbst dazu beigetragen, sie als falsch zu erweisen. Noch erstaunlicher ist es aber, daß die Kommunisten, die sich stur auf die Marxsche Lehre berufen, alles das abgeschaffen haben, was die Arbeiterbewegung errungen hat — so unter anderem das Recht zum Streik und die freien Gewerkschaften.

Das aber ist ein anderes Problem, auf das wir noch zurückkommen werden. Heute beschäftigte uns die skizzenhafte Darstellung der kommunistischen Kritik des Kapitalismus.

Zusammenfassung zum Kapitel V:

KRITIK DES KAPITALISMUS

Primäre Grundlagen des Marxismus-Leninismus:

Moral (positive Seite): was man erreichen will.

Kritik des Kapitalismus (negative Seite): was unbedingt verworfen werden muß.

Ohne Marxens „Kapital" (Bd. 1) kein Zugang zur kommunistischen Mentalität und zum Verständnis des Marxismus-Leninismus möglich.

Ausgangssituation: Kinderarbeit, Entartung ganzer Menschengruppen, niedrigster Bildungsstand einerseits — ausbeuterische Kapitalisten, die fest an eine von Gott festgelegte Ordnung glauben, ein Staat, der diese Reichen durch seine Polizeimacht schützt, andererseits.

Obwohl diese Feststellungen auf Zustände zurückgehen, die heute so nicht mehr vorhanden sind, werden sie von den Kommunisten als weiterbestehend vorausgesetzt.

1. **Die Lehre vom Mehrwert:**

   a) **Arbeitswerttheorie:** Der Wert jeder Ware ist genau durch die darin investierte gesellschaftliche Arbeit bestimmt (klassische Nationalökonomie).

   b) **Lehre vom Wert der Arbeitskraft:** Die Arbeitskraft wird vom Kapitalismus als eine Ware betrachtet, also muß ihr Wert genauso bestimmt werden wie der Wert jeder anderen Ware (Nahrung, Wohnung u. a. Lebensbedürfnisse).

   c) **Mehrwertslehre:** Einzig allein die menschliche Arbeitskraft erzeugt mehr (Mehrwert), als sie selbst wert ist.

   d) **Lehre vom Profit:** Der Profit des Kapitalisten ist gestohlener Mehrwert, da alles andere (Rohstoffe, Werkzeuge, Maschinen, Bauten u. a.) nicht mehr erzeugen kann als es gekostet hat.

   Die Mehrwertslehre enthält grobe Irrtümer (z. B. Ergebnis der Arbeit wird nur dem Arbeiter zugeschrieben, geistige Arbeit wird außer acht gelassen. Lebensbedürfnisse sind eine unfaßbare Größe).

2. **Die Lehre von der Entwicklung der kapitalistischen Wirtschaft:**

a) **Konzentrations- und Zentralisationslehre:** Das Aufsaugen kleinerer Unternehmer ergibt letztlich eine kleine Gruppe von Kapitalisten einerseits und das große Heer der Proletarier andererseits.

b) **Krisentheorie:** Der Kapitalismus macht ungefähr jedes zehnte Jahr eine Krise durch (heute nicht mehr haltbar).

c) **Verelendungstheorie:** Rationalisierung und Mechanisierung führen zu Entlassungen. Das Angebot an Arbeitskräften steigt, der Lohn sinkt: Verelendung des Proletariats.

Die Verelendungstheorie wird durch die tatsächliche Entwicklung krass widerlegt: Man arbeitet heute viel weniger, dennoch sind die realen Löhne bedeutend höher. Der Kommunismus versucht deshalb auf eine **relative Verelendungstheorie** auszuweichen: Reallöhne höher, jedoch der Anteil am Sozialprodukt stetig sinkend. Das trifft nicht zu: auch relativer Anteil am Sozialprodukt überaus gestiegen.

Schlußbetrachtung: Marx hat selbst dazu beigetragen, diese Theorie als falsch zu erweisen. Trotzdem berufen sich die Kommunisten nicht nur auf die Marxschen Lehren, sie haben alles das abgeschafft, was die von Marx mobilisierte Arbeiterbewegung errungen hat, unter anderen das Streikrecht und die freien Gewerkschaften.

VI. Klassen und Klassenkampf

Nach der skizzenhaften Darstellung der *Kritik des Kapitalismus* werden wir uns heute einem Kapitel des Marxismus-Leninismus zuwenden, das zum dritten Teil dieser Lehre gehört — dem sogenannten „wissenschaftlichen Sozialismus". Thema dieser Vorlesung ist also die marxistisch-leninistische Theorie der *Klassen und des Klassenkampfes*. Es ist zweckmäßig, sie schon hier zu behandeln, weil sie mit der Kritik des Kapitalismus eng zusammenhängt und andererseits eine der Grundlagen des *Historischen Materialismus* bildet.

Um diese Lehre zu verstehen, muß man sich in die Zeiten von Karl Marx versetzen und sich die damalige soziale Lage so vorstellen, wie Marx sie sah und im „Kapital" beschrieb. Das Wesentliche daran ist die vollständige Spaltung der Gesellschaft in zwei ganz verschiedene Menschengruppen — in die Gruppe der Arbeiter und die Gruppe der Bürgerlichen.

Arbeiter gegen Bürgerliche

Marx sah zunächst eine große Masse furchtbar leidender, vierzehn Stunden und mehr täglich für einen miserablen Lohn arbeitender Proletarier vor sich, die physisch und geistig degradiert um ihre bloße Existenz ringen mußten. Neben dieser Masse sah er eine viel kleinere Gruppe glücklicher, reicher Menschen, denen es an nichts fehlte. Diese zwei Gruppen, die der *Ausbeuter* und der *Ausgebeuteten*, schienen nicht das Mindeste gemeinsam zu haben, und ihre gegenseitige Beziehung schien Marx ausschließlich darin zu bestehen, daß sie sich — und zwar nur ihrer Stellung in der Gesellschaft wegen ganz unabhängig vom individuellen Willen — bekämpfen mußten.

Ausbeuter gegen Ausgebeutete

Und die Zerrissenheit der Gesellschaft, die Marx sah und analysierte, bestand nicht nur in der Verschiedenheit der Interessen dieser beiden Gruppen. Der *Staat* z. B. war für die einen ein willkommenes Werkzeug der Unterdrückung der Arbeiter; die Arbeiter aber sahen in dem bestehenden Staat nicht ihren Staat, sondern eine Waffe in den Händen des Feindes. Sie waren der Überzeugung, daß das Recht nur für die Kapitalisten ein Organ der Ordnung und der Gerechtigkeit sei. Die Proletarier sahen im Staat nur ein weiteres Werkzeug ihrer Unterdrückung und Ausbeutung.

Staat: Werkzeug der Kapitalisten

Nicht einmal eine gemeinsame *Kultur* konnte es für die beiden Gruppen geben. So waren die Ausbeuter oft fromme Christen, die glaubten, daß Gott die bestehende Ordnung ein für allemal geschaffen habe; aber für die Arbeiter, falls sie überhaupt ihre Lage überblicken und verstehen konnten, war die *Religion* mehr als nutzlos. Sie war, wie das Recht, ein Werkzeug der Unterdrückung.

keine gemeinsame Kultur

Religion: Werkzeug der Unterdrückung

keine gemeinsame Moral

Natürlich konnte es auch keine gemeinsame *Moral* für beide Gruppen geben: Denn die bürgerliche Moral schützte das Privateigentum und damit die Ausbeutung — sie konnte also nicht gleichzeitig die Moral der Ausgebeuteten sein.

gegen bürgerliche Kunst

Nicht einmal im *Künstlerischen* gab es irgendeine Gemeinsamkeit: Die ausgebeuteten und hungernden Arbeiter waren ja gar nicht in der Lage, an der Kunst des Bürgertums teilzunehmen.

Dazu kommt noch eine theoretische, nationalökonomische Erklärung der Ausbeutung von Marx: Seine *Mehrwerts- und Verelendungstheorie.* Nach diesen Lehren *mußte* die Ausbeutung und die Verelendung ganz unabhängig vom menschlichen Willen fortschreiten, solange es Privateigentum an Produktionsmitteln gab. Daraus folgte, daß der Kampf zwischen den Ausbeutern und den Ausgebeuteten, die Zerrissenheit der Gesellschaft solange bestehen mußte — und zwar in immer intensiverer Form — solange es *Klassen* gab.

Kampf solange Klassen bestehen

Die großen Menschengruppen nannte Marx, seinen französischen Vorläufern folgend, „Klassen". Weder er noch Engels hat die Klasse definiert. Eine solche Definition finden wir erst bei Lenin. Sie lautet:

Klassen

„Als Klassen bezeichnet man große Menschengruppen, die sich voneinander nach ihrem Platz in einem geschichtlich bestimmten System der gesellschaftlichen Produktion, nach ihrem (größtenteils in Gesetzen fixierten und formulierten) Verhältnis zu den Produktionsmitteln, nach ihrer Rolle in der gesellschaftlichen Organisation der Arbeit und folglich nach der Art der Erlangung und der Größe des Anteils am gesellschaftlichen Reichtum, über den sie verfügen, unterscheiden. Klassen sind Gruppen von Menschen, von welchen die eine sich die Arbeit einer anderen aneignen kann . . ."
Soweit Lenin in seiner Schrift „Die große Initiatve".

Die *Klasse* wird also im *Marxismus-Leninismus* zuerst durch ihre Stellung im Prozeß der Produktion definiert. Das bedeutet wieder:

Erstens sind z. B. die Kapitalisten durch das Verhältnis zu den Produktionsgütern Besitzer solcher Güter, die Proletarier aber haben diesen Besitz nicht;

zweitens sind die Kapitalisten durch die Rolle in der Produktion in ihr führend, die Proletarier aber ausführend;

daraus ergibt sich drittens ein bestimmter Anteil am Sozialprodukt und zwar so, daß die Kapitalisten den größeren, die Proletarier den kleineren Teil erhalten;

und viertens ist auch die Art und Weise, wie die Mitglieder einer Klasse diesen Anteil erhalten für die Klasse selbst charakteristisch: So erhalten ihn die Kapitalisten in Form des Gewinnes, die Proletarier in Form von Lohn.

Es gibt nun nach dem Marxismus-Leninismus zwei Arten von Klassen: Erstens die *Hauptklassen,* etwa die der Feudalherren und Leibeigenen oder die der Kapitalisten und Proletarier. Sie erscheinen immer paarweise, denn unter den Hauptklassen muß es eine Klasse von Ausbeutern und eine von Ausgebeuteten geben. Zweitens gibt es aber auch *Nebenklassen,* etwa jene der Bauern oder Kleinbürgerlichen im Kapitalismus.

Hauptklassen

Nebenklassen

Man kann die Klassen andererseits auch in *antagonistische* — jene, die im Spannungsverhältnis von Ausbeuter und Ausgebeuteten stehen — und in *nicht-antagonistische* einteilen: Nicht antagonistisch sollen z. B. in der heutigen Sowjetunion die Klassen der Arbeiter und der Bauern sein. Hier ein Schema:

antagonistische und nicht-antagonistische Klassen

EINTEILUNG DER KLASSEN	nach ihrer Natur	Hauptklassen	– Ausbeuterklassen und Ausgebeutetenklassen
		Nebenklassen	– Bauern, Kleinbürger
	nach ihrem gegenseitigen Verhältnis	antagonistische	– Kapitalisten gegen Proletarier
		nicht-antagonistische	– Arbeiter und Bauern

Von den *Hauptklassen* — und wir wissen nun, daß sie paarweise immer *antagonistisch* sind — lehrt nun der *Marxismus-Leninismus* im wesentlichen vier Dinge:

1. Daß es bis jetzt — mit Ausnahme der Urperiode der Menschheit — immer solche *Klassen und einen Klassenkampf* gab.

2. Daß die Klassenzugehörigkeit die Menschen *untereinander unvergleichlich stärker bindet* als irgend etwas anderes, z. B. die Nationalität.

3. Daß durch den Klassenkampf *jede Klassengesellschaft vollständig zerrissen* ist.

4. Daß ein Analogon dieses Klassenkampfes auch zwischen den Völkern besteht, indem sie sich in *Ausbeuter — und ausgebeutete Völker* teilen.

Wir müssen nun diese vier Hauptthesen kurz erörtern.

Es wird also gesagt, daß es (mit der genannten Ausnahme) immer Klassen und Klassenkampf gegeben hat. „Die bisherige Geschichte der Menschheit ist die Geschichte des Klassenkampfes", sagt Marx selbst.

Diesbezüglich herrschen manchmal bei den Nicht-Kommunisten Mißverständnisse — sie meinen, daß es einen Klassenkampf nur im Zeitalter des Kapitalismus — also in moderner Zeit gibt; tatsächlich lehrt der Marxismus-Leninismus aber, daß schon *vor dem Kapitalismus* Klassen und Klassen-

Klassenkampf bereits in vorkapitalistischer Zeit

kampf bestanden haben: So gab es früher die Klassen der Sklavenhalter und der Sklaven, und Spartakus ist das glorreiche Symbol des Kampfes dieser Sklaven gegen ihre Herren.

Zweitens — und das ist viel wichtiger — behauptet der Marxismus-Leninismus, daß die Klassen die Menschen untereinander unvergleichbar enger binden, als irgend etwas anderes. Es heißt im *Kommunistischen Manifest* zum Beispiel, daß die Proletarier kein Vaterland und keine Familie haben. So weit gehen die heutigen Kommunisten freilich nicht. Sie geben zu, daß auch Proletarier ein Vaterland und eine Familie nicht nur haben können, sondern auch sollen.

Nation bindet stärker als die Klasse

Demnach soll die Klasse die Menschen viel enger verbinden als die Familie oder die Nation. Das ist — wenn mir ein Wort der Kritik erlaubt ist — vollständig aus der Luft gegriffen. Tatsächlich sehen wir — und Lenin selbst hat es mit Erbitterung am Anfang des Ersten Weltkrieges erfahren — daß die Nation die Menschen manchmal weit enger bindet als die Klasse.

jede Klasse beansprucht eigenen Staat und Kultur

Daraus ergibt sich die dritte These, daß die menschliche Gesellschaft, solange es antagonistische Klassen gibt, vollständig zerrissen ist. Man überträgt hier, was wir über die Beobachtungen und Gedanken von Marx gesagt haben, auf jede Zeit und jede Gesellschaft. Es soll in einer Klassengesellschaft keinen nationalen Staat, keine nationale Kultur usw. geben — sondern immer nur den Staat der einen Klasse und eine Kultur für jede von ihnen.

Lehre vom Imperialismus

Viertens wurde dieselbe Lehre durch Lenin sozusagen internationalisiert, indem er auch die Gegensätze zwischen den Völkern als einen Klassenkampf auffaßte. Der Grund, warum er diese Lehre — sie heißt *Lehre vom Imperialismus* — entwickelte, scheint der zu sein, daß man im Gegensatz zu den Prophezeiungen von Marx feststellen mußte, daß es den Arbeitern, oder wenigstens einem Teil der Arbeiter, in den hochindustrialisierten Ländern nicht immer schlechter, sondern immer besser ging.

Internationalisierung des Klassenkampfes

Um das zu erklären, behauptete Lenin, daß ganze Nationen, etwa die Amerikaner, als Ausbeuter anderer Nationen, etwa der Bolivianer, in Erscheinung träten. Dadurch werden die Nationen in ähnlicher Weise voneinander getrennt, wie die Klassen innerhalb der einzelnen Nationen voneinander getrennt waren. Es gab einerseits imperialistische Ausbeuternationen, andererseits koloniale ausgebeutete Nationen — und der Klassenkampf ging jetzt auf einer internationalen Ebene weiter.

Merkwürdig dabei ist freilich, daß die *Sowjetunion,* die, wie es scheint, durch niemand ausgebeutet wird, als Mitglied der Gruppe der ausgebeuteten Nationen gilt.

Klassenkampf = politischer Kampf

Wie ist nun der Klassenkampf aufzufassen? Er nimmt alle möglichen Gestalten an. Er ist z. B. immer ein ideologischer Kampf — die Kapitalisten kämpfen auf der geistigen Ebene für, die Proletarier gegen die Religion. Weiter ist der Klassenkampf selbstverständlich auch ein wirtschaftlicher Kampf, etwa um höhere Löhne und kürzere Arbeitszeit. Das sind jedoch nur sekundäre Formen des Klassenkampfes. Im wesentlichen ist er immer ein *politischer Kampf* — und zwar so sehr, daß alle seine anderen Formen dem politischen Kampf untergeordnet werden sollen.

Zum Beispiel soll man *Streiks* organisieren, nicht etwa um höhere Löhne zu erzwingen, sondern um dadurch die Kapitalisten politisch zu schwächen und die Machtübernahme zu beschleunigen.

Und das ist eine ganz bedeutende Angelegenheit. Der Marxismus-Leninismus ist, auch wenn er sehr viele metaphysische, soziologische und nationalökonomische Theorien enthält, im wesentlichen eine *politische Lehre*. Sein Ziel ist zuerst und vor allem politisch. Alles andere wird dem politischen Ziel untergeordnet. Es hat z. B., vom marxistisch-leninistischen Standpunkt aus überhaupt keinen Sinn für die Arbeitnehmer einen so hohen Lohn zu erwirken, daß sie dadurch das Interesse am politischen Kampf verlieren würden. Es ist besser, daß sie schlecht bezahlt werden, aber für den *Kommunismus* kämpfen. Denn nur der Kommunismus — der seinerseits nur mit politischen Mitteln errungen werden kann — kann die Arbeiter und die gesamte Menschheit, wie wir schon gesehen haben, befreien.

alles dem politischen Ziel untergeordnet

Was ist nun das Ziel des politischen Kampfes? Die Machtübernahme durch die *Revolution*. Man kann also sagen, daß die Revolution für den Marxismus-Leninismus von zentraler Bedeutung ist. Alle philosophischen und sozialen Theorien dienen, wie es scheint, ausschließlich dazu, die Notwendigkeit der Revolution zu begründen.

zentrale Bedeutung der Revolution

Und alles, was ein Marxis-Leninist in einer Klassengesellschaft tut, das tut er letzten Endes für die Revolution. Erst nach der Durchführung der Revolution kann er an anderes denken.

Dazu ist noch zu bemerken, daß auf Grund der leninistischen Theorie des Imperialismus die *Revolution* auch in den sogenannten sozialistischen Ländern im Werden ist, da es imperialistische Staaten gibt, die bekämpft werden sollen.

Und das bedeutet, daß auch solche Staaten wie die Sowjetunion, alles für diese Revolution tun sollten. Erst nach einer vollständigen Ausrottung aller Kapitalisten in allen Ländern wird es erlaubt sein, an anderes zu denken.

Sowjetunion zur Ausmerzung aller Kapitalisten verpflichtet

Wir werden später noch sehen, wie diese *Revolution* in einem etwas abgeänderten Sinne innerhalb des schon eroberten Landes weitergehen muß bis der Kommunismus voll errichtet ist. Wir haben damit das heute so heiß zwischen den *Russen* und *Chinesen* umstrittene Problem der Revolution berührt. Für den Marxismus-Leninismus stehen dabei zwei Dinge fest, und darüber gibt es unter den Kommunisten überhaupt keine Diskussion.

Erstens, daß die Revolution immer eine Übernahme der Macht durch eine neue Klasse ist.

Zweitens, daß sie nach sich die Zerstörung des alten Staates und den Aufbau eines ganz neuen Staates zieht.

Gewalt notwendig

Eine Umformung ist dabei nicht möglich. Man ist sich auch darin einig, daß in einigen Fällen notwendig sein wird, *Gewalt zu gebrauchen,* um den Widerstand der reaktionären Klassen zu brechen.

Darüber hinaus besteht ein Meinungsunterschied: Während die *sowjetischen Kommunisten* der Meinung sind, daß es möglich sei, die Machtübernahme durch friedliche Mittel durchzusetzen, leugnen dies die *Chinesen.* Dabei sind die chinesischen Genossen gewiß dem Buchstaben und, wie es mir scheint, dem Geist der sogenannten „Klassiker" treuer. Diese haben nämlich die Revolution immer als einen Akt der illegalen Gewalt angesehen.

Etwas Ähnliches gilt auch im Hinblick auf den Krieg. Es gehört zu den Grundprinzipien des Marxismus-Leninismus, daß es *gerechte* und *ungerechte Kriege* gibt:

ungerechte Kriege der Ausbeuterklasse

Ungerecht sind Kriege im Interesse der Ausbeuterklasse, gerecht sind *Befreiungskriege,* d. h. Kriege gegen die Ausbeuter. Aber auch hier bestehen zwei Meinungen. Die *sowjetischen Kommunisten* halten die Revolution nicht für eine Exportware, die man auf den Bajonetten der Roten Armee in andere Länder tragen kann — obwohl, wie bekannt — bis heute nur ein einziges souveränes Land, nämlich San Marino, eine kommunistische Regierung mit Hilfe anderer Methoden erhielt.

gerechte Kriege der Ausgebeuteten = Befreiungskriege

Die *Chinesen* meinen aber, daß ein gerechter Krieg gerecht ist und immer dann geführt werden darf, wenn sich gute Chancen für die Befreiung der Ausgebeuteten bieten. Auch hier scheinen die Chinesen den „Klassikern" treu zu sein. Denn der Gedanke vom Kampf, vom Klassenkampf, ist für Marx und Lenin entscheidend. Es ist keine Übertreibung, wenn man sagt, der Marxismus-Leninismus ist eine *Kriegstheorie* und man darf auch sagen, daß darin einer der großen Verdienste von Marx liegt.

Im Gegensatz zu vielen, die das nicht einzusehen vermochten, hat er die schlichte Tatsache festgestellt, daß wir auf der Erde leben, keine Engel sind, und daß deshalb der Kampf ein, wie es scheint, wesensnotwendiger Faktor in unserem Leben ist. Auch Ausbeutung gibt es in der Geschichte aller Zeiten zur Genüge. Keiner, der die industrielle Revolution kennt, wird sich wundern, daß gerade Marx diese Lehren entwickelt hat.

Freilich enthält diese Lehre eine Reihe von Unstimmigkeiten. So wissen wir heute, daß es wohl Perioden gibt, in denen die Besitzer der Produktionsmittel die Hauptausbeuter sind. Aber normalerweise ist es nicht der Besitzer, sondern der Beamte, der diese Funktion ausübt. So im alten Ägypten, in der chinesischen Geschichte, so zuletzt auch während der grausamen Ausbeutung der Arbeiter in der Sowjetunion.

Daß Karl Marx das nicht wußte, ist nicht seine Schuld. Dasselbe aber heute zu behaupten, geht einfach nicht mehr.

Marxscher Klassenkampf: anachronistisch

Noch schlimmer ist es, wenn man mit einem Klassenbegriff operiert, der sich an den von Marx beschriebenen Umständen orientiert, der aber heute in den meisten industriellen Ländern völlig unbrauchbar geworden ist. Der Großteil der Menschen in diesen Ländern sind heute Angestellte, Arbeitnehmer, von Ministerialdirektoren und Universitätsprofessoren bis zu den Handlangern. Und gerade unter ihnen bestehen große Unterschiede. Unvergleichlich größere als zum Beispiel zwischen einem qualifizierten Arbeiter und einem kleinen selbständigen Handwerker. Der Marxsche Klassenbegriff ist heute ein wahrer Anachronismus. Das sture Festhalten an ihm hat überhaupt keinen Sinn.

Spaltung der Gesellschaft nicht durchgängig

Dazu kommt noch, daß die Lage der Arbeiter sich wenigstens in den industriellen Ländern so sehr verbessert hat, daß man nicht mehr ernsthaft von der Zerrissenheit der Gesellschaft sprechen kann. Auch sie ist ein vollständiger Anachronismus. Die größte Schwäche des Marxismus-Leninismus ist seine Unfähigkeit, aus dem Dogmatismus, seinem Festhalten an längst veralteten Ideen, herauszukommen. Denn neue Zeiten verlangen neue Ideen.

Zusammenfassung zum Kapitel VI:

KLASSEN UND KLASSENKAMPF

Die **Theorie der Klassen** und **des Klassenkampfes** ist eine der Grundlagen des HISTOMAT und der Kritik des Kapitalismus.

Aus der Sicht von Marxens „Kapital": Vollständige Spaltung der Gesellschaft in Arbeiter und Bürgerliche, Kampf der Ausgebeuteten gegen die Ausbeuter. Staat und Religion Werkzeuge der Unterdrückung und Ausbeutung. Keine gemeinsame Moral, keine gemeinsame Kunst.

Nach der **Mehrwerts-** und **Verelendungstheorie Marxens** muß die Ausbeutung und Verelendung unabhängig vom menschlichen Willen bis zur Beseitigung des **Privateigentums an Produktionsmitteln** fortschreiten. Daher permanenter Kampf der **Klassen.**

1. **Klassenbegriff**

   nach ihrer Natur:

   a) Hauptklassen: Ausbeuter und Ausgebeutete (Feudalherren und Leibeigene, Kapitalisten und Proletarier).

   b) Nebenklassen: Bauern, Kleinbürger.

   nach ihrem gegenseitigen Verhältnis:

   a) Antagonistische Klassen: Kapitalisten gegen Proletarier.

   b) Nicht-antagonistische Klassen: Arbeiter und Bauern.

2. **Klassen** und **Klassenkampf** immer schon vorhanden außer in der Urperiode der Menschheit. Marx: „Die bisherige Geschichte der Menschheit ist die Geschichte des Klassenkampfes."

   Die **Klassenzugehörigkeit** bindet die Menschen untereinander mehr als irgendetwas anderes, z. B. Vaterland, Familie (die bisherige Erfahrung spricht dagegen).

   Jede Gesellschaft mit **antagonistischen Klassen** ist durch Klassenkampf völlig zerrissen. Jede Klasse hat somit ihren Staat und ihre Kultur, die nationale Ebene zählt nicht mehr.

   Lenin faßt auch die Gegensätze zwischen reichen und unterentwickelten Völkern (Ausgebeutete gegen Ausbeuter) als Klassenkampf auf: **Lehre vom Imperialismus** und Kolonialismus, die den Klassenkampf internationalisiert.

   Ziel des politischen Kampfes: Machtübernahme durch die Revolution, daher auch Anwendung von Gewalt gegen die Reaktion notwendig.

Die **Revolution** ist für den Marxismus-Leninismus von zentraler Bedeutung. Erst nach ihrer erfolgreichen Durchführung kann anders gedacht und gehandelt werden.

Nach der **Lehre des Imperialismus** ist auch die Sowjetunion verpflichtet, alles für die Revolution zu tun, d. h. für die Ausrottung **aller** Kapitalisten in **allen** Ländern zu sorgen, denn erst dann ist Kommunismus im wahrsten Sinne des Wortes möglich.

3. **Problemstreit zwischen Sowjets und Chinesen.** Ihre gemeinsame diskussionslose Basis: Revolution. Sie bedeutet immer:

   a) Machtübernahme durch eine neue Klasse.

   Zerstörung des alten Staates und Aufbau eines völlig neuen Staates. Eine bloße Umformung ist dabei nicht möglich.

   Meinungsstreit: Sowjets halten die Machtübernahme auch ohne militärischen Einsatz für möglich: die Chinesen leugnen dies buchstabengetreu mit den Klassikern, welche die Revolution stets als einen Akt illegaler Gewalt betrachtet haben.

   b) Analoges Problem dazu: **Gerechte Kriege** (Befreiungskriege) gegen Ausbeuter, **ungerechte Kriege** gegen Ausgebeutete.

   Meinungsstreit: Sowjets halten die Revolution nicht unbedingt für Exportware, die von der Roten Armee in andere Länder gewaltsam getragen werden muß. Die Chinesen meinen dagegen, daß ein gerechter Krieg als solcher immer geführt werden darf, wenn er gute Chancen für die Befreiuung von Ausgebeuteten bietet. Sie sind auch hier klassikertreu. Nach Marx und Lenin ist Klassenkampf eine Kriegstheorie und wesensnotwendiger Faktor im Leben der Menschheit.

Schlußbetrachtung: Meistens sind nicht die Besitzer der Produktionsmittel die Hauptausbeuter, sondern jene, die Machtfunktion ausüben. Auch der Marxsche Klassenbegriff ist für die meisten Industrieländer heute unbrauchbar. Der Großteil der Menschen ist Arbeitnehmer vom Manager bis zum Hilfsarbeiter. Die Lage der Arbeiter hat sich inzwischen so verbessert, daß von einer Zerrissenheit der Gesellschaft ernsthaft nicht die Rede sein kann. **Daher sind die Begriffe Marxens von Klasse und Gesellschaft ein eindeutiger Anachronismus. Die größte Schwäche des Marxismus-Leninismus ist jedoch die Unfähigkeit, sich von längst veralteten Ansichten zu lösen, d. h. seinen Dogmatismus zu überwinden, sobald neue Zeiten neue Ideen verlangen.**

VII. Der Historische Materialismus

Wir haben bis jetzt — nach der Einleitung und der historischen Betrachtung — die *Moral*, die *Kritik des Kapitalismus* und die *Klassentheorie* erörtert. Jetzt müssen wir uns mit der Philosophie, nämlich mit dem *Historischen Materialismus* beschäftigen, der manchmal abgekürzt „HISTOMAT" genannt wird. Der Name dieser Lehre stammt von Engels, ihr wesentlicher Inhalt aber von Karl Marx. Freilich nicht in dem Sinne, daß er für alles, was heute als Marxismus-Leninismus gelehrt wird, verantwortlich wäre. Engels hat den Marxismus endgültig fixiert und vielfach vereinfacht. Im Grundsätzlichen jedoch blieb die marxistische Philosophie auf Marx gegründet.

HISTOMAT: eine soziologische Theorie

Es handelt sich dabei um eine Lehre, die an und für sich mit der Theorie des Klassenkampfes und auch mit der Marxschen Kritik des Kapitalismus logisch kaum zusammenhängt. Es wäre sehr wohl denkbar, daß jemand den Historischen Materialismus ganz ohne eine Klassenlehre entwickelt hätte und umgekehrt. Tatsächlich stammen aber beide von Marx und sind bei ihm eng verbunden. Dabei spielt der Historische Materialismus etwa die Rolle einer mehr abstrakten Theorie und soll die Lehre von den Klassen und dem Klassenkampf wenigstens teilweise erklären und erhärten.

Es handelt sich um eine ausgesprochen soziologische Theorie, die im Marxismus-Leninismus nur deshalb zur Philosophie gerechnet wird, weil es zu Marx' Zeiten noch keine Soziologie gab — er ist einer der Urheber dieser Disziplin — und es ist bekannt, daß Einzelwissenschaften sich zuerst im Schoß der Philosophie zu entwickeln pflegen, bevor sie zur Selbständigkeit reif sind. Diese Feststellung ist aber zugleich eine Kritik: Der HISTOMAT behandelt einen Gegenstand, der eigentlich zur Soziologie gehört. Man kann ihn heute nicht mehr den Philosophen allein überlassen, wie es die Marxisten-Leninisten immer noch tun.

Bei der Betrachtung des Historischen Materialismus ergeben sich drei Teile: Erstens, das *Grundprinzip*; zweitens, die *statische Analyse* der Gesellschaft im Lichte dieses Grundprinzips; drittens ,eine ähnliche *dynamische Analyse.*

1. Grundprinzip

2. Statische Analyse

3. Dynamische Analyse

Zuerst das *Grundprinzip.* Karl Marx formulierte es in der Vorrede seiner Abhandlungen „Zur Kritik der Politischen Ökonomie" aus dem Jahre 1851 mit folgenden Worten:

„Es ist nicht das Bewußtsein des Menschen, das ihr Sein, sondern umgekehrt ihr gesellschaftliches Sein, das ihr Bewußtsein bestimmt" und weiter: „So wenig man das, was ein Individuum ist, nach dem beurteilt, was es sich selbst dünkt, ebensowenig kann man eine solche Umwälzungsperiode" — Marx meint hier die Periode der sozialen Revolution — „aus ihrem Bewußtsein beurteilen, sondern muß vielmehr dies Bewußtsein aus den Widersprüchen des materiellen Lebens . . . erklären."

Anders gesagt: Das Fundamentale, das Primäre, das Ausschlaggebende in der Gesellschaft ist nicht ihr Bewußtsein, nicht was diese Gesellschaft *denkt,* sondern ihr Sein, was sie tatsächlich, materiell *ist.* Das Bewußtsein, das Geistige, hängt im Gebiet des Gesellschaftlichen vom Sein ab, vom Materiellen und nicht umgekehrt.

Das Sein kommt zuerst, der Geist folgt ihm. Falls gewisse materielle Bedingungen des Lebens einer Gesellschaft gegeben sind, ergeben sich gewisse Formen des Bewußteins, des Denkens dieser Gesellschaft — und nicht umgekehrt.

Soviel ist klar. Was bedeutet aber „gesellschaftliches Sein"? Es ist wohl aus dem Text, den ich gerade vorgelesen habe und den die Kommunisten selbst immer wieder anführen, klar geworden, daß es sich um das *materielle* Leben handelt. Es ist wohl auch bekannt, daß für die Marxisten-Leninisten die Materie im allgemeinen, also auch auf dem Gebiet des Gesellschaftlichen, den Vorrang vor dem Geist hat; sie sind ja *Materialisten.*

Materialisten

Was bedeutet aber „materiell" in unserem Zusammenhang? Streng materialistisch denkend könnte man meinen, daß jenes Sein, von dem Marx spricht, einfach das biologische Sein der betreffenden Gesellschaft sein muß. Dann müßten aber etwa die Rassen der Menschen, die klimatischen Umstände, die Art und Weise der Ernährung usw., als jenes Sein, als jene Materie, von welcher die Rede ist, gelten. Das wäre gut materialistisch gedacht.

Diesen Sinn schreiben aber weder Marx, noch der Marxismus-Leninismus nach ihm dem Worte „Sein" zu. Freilich wird zugegeben, daß die genannten biologischen, klimatischen, geographischen, demographischen und andere materielle Umstände einen gewissen Einfluß auf das gesellschaftliche Denken haben. Sie sollen aber nicht das Entscheidende, nicht das Determinierende sein. Entscheidend, determinierend soll dagegen etwas ganz anderes sein, nämlich die sogenannte *Produktionsweise der materiellen Güter,* d. h. die Art und Weise, wie die Menschen in einer gegebenen Gesellschaft jene Güter erzeugen, die ihnen lebensnotwendig sind. Diese Produktionsweise und nichts anderes ist das materielle Sein der Gesellschaft. Das heißt also: Wenn eine Menschengruppe materielle Güter in einer bestimmten Weise erzeugt, dann

Produktionsweise = materielles Sein der Gesellschaft

ergibt sich daraus notwendig ein Typus des sozialen Bewußtseins. *Die Gesellschaft denkt* — mit anderen Worten — *in Abhängigkeit von ihrer Produktionsmethode.*

Es wird sich lohnen, diesen etwas abstrakten Gedankengang an Hand eines konkreten Beispiels darzulegen. Und zwar möchte ich jene Umstände als Beispiel wählen, die — nach Auffassung des Marxismus-Leninismus — vor der Französischen Revolution in Frankreich herrschten. Ich betone dabei, daß ich sie so schildern werde, wie die kommunistischen Lehrbücher das tun; tatsächlich lagen die Dinge in einigen Einzelheiten anders, was jedoch hier nicht von großer Bedeutung ist, weil es sich nur um eine Klärung des Historischen Materialsmus handelt.

feudalistische Struktur der Hofhaltung

Das Charakteristische der Produktionsweise zu jener Zeit sollte darin bestehen, daß es gleichzeitig zwei ganz verschiedene Methoden, Typen der Erzeugung gab: einerseits die feudale, andererseits die gerade entstehende kapitalistische. Die erste dieser Produktionsmethoden wurde im wesentlichen an den großen feudalen Höfen ausgeprägt, und zwar sollte dieser Hof für eigene Bedürfnisse Güter erzeugen. Daraus ergab sich die Notwendigkeit einen sogenannten stabilen Arbeiterkader zu besitzen. So entstand eine feudale Struktur der Gesellschaft, die aus den Arbeitern Leibeigene machte: Sie waren an den Hof gebunden und blieben somit stabil. Das war die alte, feudale Gestalt der Produktion.

marktorientierte kapitalistische Struktur

Jetzt entstand aber die neue, kapitalistische, die die Gestalt der Manufaktur annahm. Diese Manufaktur arbeitete nun nicht etwa für den eigenen Gebrauch wie der feudale Hof, sondern für den Markt. Der Markt ist aber flüssig: Einmal kann man mehr, einmal weniger Waren verkaufen. Daraus ergab sich zwangsläufig die Notwendigkeit eines flüssigen, veränderlichen Arbeiterkaders, denn es kam häufig vor, daß man einmal, sagen wir, hundert — ein andermal aber dreihundert Arbeiter benötigte.

Widersprüche durch verschiedene Produktionsmethoden

Es ist selbstverständlich, daß zwischen den feudalen Formen des gesellschaftlichen Lebens — insbesondere dem Leibeigentum — und den Bedürfnissen der neuen Manufaktur eine Spannung entstand. Marx nannte solche Spannungen „Widersprüche". Die Bedürfnisse der kapitalistischen Produktionsweise standen im Widerspruch zum herrschenden System der menschlichen Beziehungen.

Das alles gehörte, nach dem HISTOMAT, zum materiellen Sein der französischen Gesellschaft zur Zeit der Revolution. Wenn wir nun ihr geistiges Leben, ihr gesellschaftliches Bewußtsein ansehen, dann stellen wir gleich fest, daß sich die genannten materiellen Widersprüche in diesem Bewußtsein sozusagen verschönert widerspiegeln. Es wirkte damals eine einflußreiche Gruppe von Philosophen, die mit größter Begeisterung die Freiheit, Gleichheit und Brüderlichkeit befürwortete, und zwar mit großem theoretischen Apparat und nicht geringem moralischen Pathos.

Im Namen ehrwürdiger, moralischer Gesetze war es notwendig, die Menschen von ihrer Versklavung im feudalen System zu befreien, ganz andere, nämlich demokratische, freiheitliche und menschliche Beziehungen zu schaffen. Und so trugen diese Ideologen entscheidend dazu bei, daß endlich die große Revolution ausbrach und ihre Ideale verwirklichte.

Der Marxist-Leninist sieht diese Begeisterung nicht ohne Zynismus: Es handelt sich ja seiner Meinung nach gar nicht um irgendein Ideal der Freiheit, sondern einfach darum, daß die Manufaktur einen flüssigen Arbeiterkader brauchte, d. h. die Bauern von ihren feudalen Fesseln befreien wollte.

Natürlich leugnet man nicht, daß solche Ideale nützlich, ja notwendig sind, aber sie sind nur das Sekundäre, das Abgeleitete in der Geschichte: Sie sind nur eine poetische, geistige Widerspiegelung der materiellen Bedürfnisse der neuen Produktion.

Bewußtsein = Überbau der Produktionsweise

Das ist also der Sinn des Grundprinzips des *Historischen Materialismus:* Alles was die Philosophie, das Recht, die Nationalökonomie, die Historiographie, die Soziologie lehren, auch alles, was die Menschen an religiösen, moralischen und künstlerischen Werten anerkennen, ist völlig von ihrer Produktionsweise abhängig. Diese ist entscheidend, dagegen ist das geistige Leben der Gesellschaft, ihr Bewußtsein, abgeleitet, sekundär, abhängig — es ist nur ein *Überbau,* wie wir gleich näher sehen werden.

statische Analyse der Gesellschaft

Wir kommen jetzt zu unserem zweiten Punkt, nämlich zur *statischen Analyse der Gesellschaft* im Lichte des eben dargestellten Grundprinzips. Darunter verstehe ich die Analyse des Aufbaus, der Struktur der Gesellschaft in einem gegebenen Augenblick, ohne Rücksicht auf ihre Tendenzen und ihre Entwicklung.

Eine solche Analyse besteht im HISTOMAT in der Unterscheidung vier verschiedener Faktoren und von vier Stufen im Aufbau des gesellschaftlichen Lebens. Sie heißen: Produktivkräfte, Produktionsverhältnisse, juristischer und politischer Überbau, gesellschaftliche Bewußtseinsformen.

1. Produktivkräfte

2. Produktionsverhältnisse

3. Juristischer und politischer Überbau

4. Gesellschaftliche Bewußtseinsformen

Dieses Schema muß kurz erklärt werden.

Produktivkräfte

Als *Produktivkräfte* fassen die Marxisten-Leninisten drei Faktoren auf:

Erstens die Werkzeuge, zweitens die Menschen, drittens die Erfahrungen der Produktion.

Dies mag merkwürdig anmuten — man kann sich fragen, wieso hier die Werkzeuge vor den Menschen genannt werden. Das ist aber im Rahmen des Systems nicht ganz unlogisch, weil der Mensch nach ihm erst, wenn er Werkzeuge schafft, zum Menschen wird. Unter diesen Voraussetzungen stehen die Werkzeuge also zurecht an erster Stelle.

Produktionsverhältnisse

Die *Produktionsverhältnisse* werden in einem Text von Marx, der in den kommunistischen Lehrbüchern immer wieder angeführt wird, wie folgt definiert:

„Notwendig, vom Willen des Menschen unabhängige Verhältnisse, die einer bestimmten Entwicklungsstufe ihrer materiellen Produktivkräfte entsprechen."

Es sind also Beziehungen zwischen den arbeitenden Menschen und zwar solche, die sich aus den Bedingungen der Arbeit notwendig ergeben. Wenn z. B. eine Gruppe von Menschen in einem Boot fischt und zwar mit Hilfe bestimmter Geräte, etwa mit Netzen, muß einer das Kommando führen, ein anderer sitzt am Ruder usw. Sind ein Typus von Werkzeug und eine Produktionsmethode gegeben, so entstehen solche Produktionsverhältnisse notwendig und unabhängig vom Willen der Menschen. Das ist unsere zweite Stufe. Es ist hier noch zu bemerken, daß diese Stufe, auch wenn sie von der ersten, den Produktivkräften, abhängig ist, „Basis" genannt wird.

Basis

Die Beachtung dieser Terminologie ist ziemlich wichtig, weil man ohne sie zum Beispiel *Stalins* Eingreifen im Jahre 1950 überhaupt nicht verstehen kann.

juristischer und politischer Überbau

Die dritte Stufe ist der *juristische und politische Überbau.* Darunter versteht der Historische Materialismus nicht etwa juristische und politische Lehren, Ideen, sondern Verhältnisse, reale Beziehungen, Institutionen. Sie sollen sich nach ihm aus den Produktionsverhältnissen notwendig ergeben oder, wie Marx in unserem Text sagt, sie „erheben sich auf der Basis".

Ich habe oben ein Beispiel dafür gebracht: Die feudalen Gesetze, die den Bauern an den Hof banden, waren, wie gesagt, das Ergebnis der damaligen Produktivkräfte, der Beziehungen, die im Hof herrschten.

gesellschaftliche Bewußtseinsformen

Endlich haben wir als vierte und letzte Stufe die sogenannten *gesellschaftlichen Bewußtseinsformen,* jede Religion, Philosophie, Moral, Kunst, Soziallehre und ähnliches — den Inhalt des gesellschaftlichen Bewußtseins — den Inbegriff von all dem, was gleichzeitig geistig und sozial ist.

Das ist der Aufbau des sozialen Lebens. In ihm ist die erste Stufe entscheidend. Wenn ein Typus der Produktivkräfte gegeben ist, erhalten wir notwendig einen Typus der Produktionsverhältnisse, dann eine Form des juristischen und politischen Überbaus und endlich einen Typus der gesellschaftlichen Bewußtseinsformen.

direkter Zusammenhang von Überbau und Basis

In jeder Gesellschaft gibt es solche Gesetze, solche Verfassungen, eine solche Moral und Kunst, die der Art und Weise, wie sie materielle Güter produziert, entsprechen. Direkt hängen aber die zwei höchsten Stufen, also der *Überbau mit der Basis,* das heißt mit den Produktionsverhältnissen, zusammen.

Soweit die statische Analyse der Gesellschaft. Mit ihr wird nun im Marxismus-Leninismus die *Klassenlehre* verbunden, und zwar so, daß jede Basis einer Klasse zugeordnet wird, solange es Klassen gibt.

Eine solche tragende Klasse ist für die entsprechende Basis sozusagen verantwortlich und deshalb gehört ihr *der ganze Überbau.*

Dieser Gedanke hat sehr weitgehende Konsequenzen. Denn eine Klassengesellschaft enthält, wie wir wissen, immer zwei antagonistische Hauptklassen, die sich gegenseitig bekämpfen. Ein Beispiel, wieder aus der Zeit der Französischen Revolution: Die damals sich bekämpfenden, antagonistischen Klassen sind einerseits die Klasse der Feudalherren, andererseits jene des Bürgertums. Der ersten wird die feudale Basis, der zweiten die kapitalistische zugeordnet. Es folgt daraus, daß wir in einer solchen Gesellschaft zwei ganz verschiedene Arten von Überbau haben müssen. Freilich besteht immer nur ein Staat und ein Typus der juristischen Beziehungen — nämlich jener, der zur herrschenden Klasse gehört. So haben wir in Frankreich vor der Revolution faktisch nur den feudalen Staat, den Staat der Feudalherren; aber auch auf dieser Stufe versucht wenigstens die andere Klasse, ihren juristischen und politischen Überbau zu errichten — in unserem Fall also die bürgerliche Republik. Dagegen bestehen in einer solchen Gesellschaft zwei Typen der gesellschaftlichen Bewußtseinsformen: Die feudale — etwa mit katholischer Religion, scholastischer Philosophie, gotischer Kunst usw. — einerseits und die bürgerliche, mit etwa Voltairianischem Deismus, moderner Philosophie und Kunst andererseits. Die durch materielle Produktionsweise gespaltene Gesellschaft ist deshalb auch geistig vollständig zerrissen.

Es ist hier zu bemerken, daß wir weiter gelangt sind, als man dies auf Grund der fundamentalen Klassenlehre des Marxismus-Leninismus hätte erwarten können. Die fundamentale Klassenlehre faßt nämlich den Klassenantagonismus als auf der Ausbeutung begründet auf. Antagonistisch sind jene Klassen, deren eine aus Ausbeutern, deren andere aus den Ausgebeuteten besteht. Hier aber finden wir antagonistische Klassen, die in dieser Beziehung nicht stehen. So z. B. unsere Feudalherren und Bürgerlichen. Was aber bleibt, ist der Gegensatz, der Widerspruch, wie man ihn nennt, der materiellen Interessen. Dieser ist auch hier grundlegend.

Soviel zu unseren zwei ersten Punkten — über das Grundprinzip und die statische Analyse der Gesellschaft. Die *dynamische Analyse* zusammen mit einer etwas eingehenderen Behandlung der gesellschaftlichen Bewußtseinsformen im zeitgenössischen Marxismus-Leninismus werden wir in der nächsten Vorlesung geben. Hier möchte ich noch einige kritische Bemerkungen anfügen.

Marxsche ökonomische Deutung trifft grundsätzlich zu

Die Marxsche ökonomische Deutung der Gesellschaft scheint mir an und für sich ein großer Fortschritt in der Deutung der gesellschaftlichen Phänomene zu sein. Etwas vorsichtiger formuliert, ist sie ganz sicher wahr. Es ist nämlich sicher, daß das Denken der Gesellschaft, wie auch das Denken der Einzelmenschen, weitgehend durch ihre materiellen Interessen, durch den Typus ihres materiellen Lebens, beeinflußt ist. Es ist vielleicht unangenehm, das anzunehmen, aber es ist dennoch so. Es ist gerade erstaunlich, was die Völker z. B. während des Krieges über sich selbst und ihre Gegner denken. Und wenn man bedenkt, daß wir ja Menschen sind, das heißt, keine reinen Geister, sondern weitgehend Tiere, kann man das auch verstehen.

Rolle der Produktionsmethoden übertrieben

Aber Marx hat offenbar — wie mancher andere große Erfinder — man denke nur an *Freud* — übertrieben. So einfach liegen die Verhältnisse keineswegs. Wenn die materiellen Bedürfnisse — und diese kann man auch nicht einfach auf die Produktionsmethoden zurückführen — auch viel bedeuten, so ist es nicht minder sicher, daß von jener deterministischen Bestimmung, die er lehrt, keine Rede sein kann.

Das Leben der Gesellschaft scheint, nach allem, was wir wissen, ein Ergebnis der Zusammenwirkung von sehr zahlreichen Faktoren zu sein. Und unter diesen Faktoren spielen sicher die Ideen eine andere Rolle, als jene einer bloßen Widerspiegelung der Produktion. Hier, wie an vielen anderen Punkten, besteht die Schwäche dieser Lehre: Nicht im grundsätzlichen Ansatz, sondern in einer Übertreibung, die keine Rechtfertigung findet.

Zusammenfassung zum Kapitel VII:

DER HISTORISCHE MATERIALISMUS (HISTOMAT)

Engels hat die Marxsche Philosophie endgültig fixiert und vielfach vereinfacht. Der HISTOMAT hängt mit der **Klassenkampflehre** und der **Kritik des Kapitalismus** eigentlich nicht zusammen, er soll jedoch diese erhärten. Er ist im Grunde keine Philosophie, sondern eine Soziologie.

1. **Grundprinzip:** (Marx „Zur Kritik der Politischen Ökonomie", Vorrede, 1851).

   Das Bewußtsein, das Geistige, hängt im Gebiet des Gesellschaftlichen vom Sein ab, vom Materiellen, und nicht umgekehrt. Das Sein ist die Produktionsweise, die Produktionsmethode.

2. **Statische Analyse der Gesellschaft**

   a) **Produktivkräfte:** Die Werkzeuge, die Menschen, die Erfahrungen der Produktion.

   b) **Produktionsverhältnisse, die Basis:** Beziehungen zwischen den arbeitenden Menschen, die sich aus den Arbeitsbedingungen notwendig ergeben.

   c) **Juristischer und politischer Überbau:** Verhältnisse, reale Beziehungen und Institutionen, die sich aus den Produktionsverhältnissen notwendig ergeben.

   d) **Gesellschaftliche Bewußtseinsformen, der Überbau:** Inbegriff von all dem, was gleichzeitig geistig und sozial ist.

   Entscheidend ist der Typus der Produktivkräfte. Er bestimmt alle anderen Stufen einschließlich des Überbaus, jedoch hängen Basis und Überbau direkt zusammen.

   Jede Basis wird einer Klasse zugeordnet, die für sie und den Überbau verantwortlich ist.

   Die durch verschiedene materielle Produktionsweisen gespaltene Gesellschaft ist auch geistig vollkommen zerrissen. (Scholastisches Bewußtsein der Feudalherren und voltairianischer Deismus des Bürgertums.)

3. **Dynamische Analyse** (siehe nächstes Kapitel).

Schlußbetrachtung: Die weitgehende Bestimmung des menschlichen und gesellschaftlichen Denkens durch materielle Interessen trifft sicherlich zu. Marx hat sie jedoch sehr übertrieben. Man kann das geistige Leben nicht einfach auf Produktionsmethoden zurückführen.

VIII. Geschichte und Ideologie

Heute befassen wir uns weiter mit dem *Historischen Materialismus.* In der letzten Vorlesung sagte ich, daß man in dieser Lehre drei Hauptpunkte unterscheiden kann: Das Grundprinzip, die statische und die dynamische Analyse der Gesellschaft. Die beiden ersten, das Grundprinzip und die statische Analyse haben wir schon kurz dargestellt. Nun sprechen wir von der dynamischen Analyse der Gesellschaft, d. h. von der *Analyse der Geschichte.*

dynamische Analyse der Gesellschaft

Als erstes finden wir hier eine Grundauffassung, die von Professor *Karl Wittvogel* trefflich „Rolltreppenbegriff der Geschichte" genannt worden ist. Die menschliche Geschichte wird mit einer Rolltreppe verglichen, die ständig und notwendig unbeeinflußbar vom menschlichen Willen nach oben rollt. Nichts kann sie aufhalten. Solang ein Mensch auf dieser Treppe steht, hat sein Leben einen Sinn — er nähert sich nämlich der glänzenden Zukunft. Aus der Treppe herauszufallen, bedeutet, den Sinn des Lebens zu verlieren. Ein Nicht-Kommunist kann sich sehr schwer vorstellen, was ein solcher Ausfall einem gläubigen Marxisten-Leninisten bedeutet — wie furchtbar für ihn ein Ausscheiden aus der Rolltreppe ist.

Wittvogels Rolltreppenbegriff der Geschichte

Auch den Sinn des Wortes „Reaktion" im Marxismus-Leninismus kann er kaum ganz verstehen. Es ist jedenfalls etwas völlig Sinnloses und moralisch Schlechtes, eine Art boshafter Abfall von der Geschichte.

Reaktion

Die Geschichte selbst wird also als eine Art Rolltreppe gedacht. Sie rollt ohne Unterbrechung nach oben zum Kommunismus. Deshalb *muß* der Kommunismus kommen, es kann darüber überhaupt keinen Zweifel geben. Alle unvernünftigen Versuche der Reaktionäre, die Treppe der Geschichte aufzuhalten oder gar nach unten laufen zu lassen, sind vergebens.

Das ist das Grundlegende in der dynamischen Analyse der Geschichte: Ein deterministischer und optimistischer Evolutionismus. Wie bekannt, handelt es sich dabei keineswegs um eine Besonderheit des Marxismus-Leninismus und der Gedanken von Karl Marx.

optimistischer Evolutionismus

Dieser *Evolutionismus* war in der zweiten Hälfte des 19. Jahrhunderts gemeinsames Gut des westeuropäischen Denkens. Er war sogar mehr: Ein fester Bestandteil der damaligen Weltanschauung der Westeuropäer. Heute ist es freilich bei uns anders geworden — aber es ist ein Kennzeichen des Marxismus-Leninismus, daß er gerade an den Ansichten festhält, die bei uns vor hundert Jahren lebendig waren. So gesehen ist er wirklich eine höchst reaktionäre Lehre.

Wie bewegt sich nun aber diese Rolltreppe nach Ansicht des Marxismus-Leninismus? Eines fällt dem Beobachter sofort auf: Ihr Lauf ist nicht gleichmäßig. Sie bewegt sich zwar ständig, aber es gibt Perioden, während welcher die Rolltreppe nur langsam vorangeht. Dann plötzlich kommt ein Ruck aufwärts. Sie bewegt sich so ruckartig, daß unsere Vorstellung von einer Rolltreppe kaum mehr zutrifft. Denn in der Geschichte gibt es nach dem Marxismus-Leninismus Sprünge und Unterbrechungen.

Im einzelnen sieht der Mechanismus des Fortschritts so aus:

Geschichte durch Produktivkräfte angetrieben

Die treibenden Kräfte sind die *Produktivkräfte,* also die Werkzeuge und Erfahrungen der Erzeugung. Es ist zweckmäßig, das Thema der letzten Vorlesung uns noch einmal zu vergegenwärtigen.

1. **Produktivkräfte**
2. **Produktionsverhältnisse**
3. **Juristischer und politischer Überbau**
4. **Gesellschaftliche Bewußtseinsformen**

Das heißt: Die Produktivkräfte sind das am meisten Revolutionäre. Sie wandeln sich zuerst, während die Produktionsverhältnisse ihnen nur mit Verzögerung folgen. Das erklärt sich daraus, daß die Produktivkräfte den *Inhalt,* die Produktionsverhältnisse dagegen die *Form* bilden; die Form ist aber immer stabiler als der Inhalt.

Zu den *Produktionsverhältnissen* ist noch zu bemerken, daß es sich hier nicht etwa um die Beziehungen unter arbeitenden Menschen handelt, die sich sozusagen automatisch aus einem Typus der Produktivkräfte ergeben. Denn, wäre es so, dann gäbe es keinen Unterschied im Tempo der Entwicklung. Vielmehr meint man damit etwas, das viel näher beim juristischen und politischen Überbau steht, vor allem die Eigentumsverhältnisse und ähnliches.

Widerspruch

Zwischen den neuen, sich schneller entwickelnden Produktivkräften und den alten Produktionsverhältnissen entsteht nun eine Spannung, ein sogenannter *Widerspruch.* Wir haben ein Beispiel eines solchen Widerspruchs gesehen; die Spannung zwischen dem Bedürfnis an freien Arbeitern in der kapitalistischen Manufaktur und dem feudalen Gesetz des Leibeigentums. Die Produktionsverhältnisse — also, hier die *Eigentumsverhältnisse,* die für die alten Produktivkräfte fördernd gewesen sind, werden für die neuen zu Ketten, wie Marx sie richtig nennt. Die Spannung wird größer und größer, bis es zu einem notwendigen Bruch kommt.

Bruch

Dieser Bruch ist abrupt. Freilich wird er durch eine lange und langsame, sogenannte quantitative Entwicklung vorbereitet, indem immer mehr neue Produktivkräfte entstehen. Der Bruch ist immer plötzlich und gewaltsam. Er ist ein Sprung — und er heißt „soziale Revolution". **soziale Revolution**

Wie man sieht, haben wir hier einen Gedanken, dem wir schon einmal begegnet sind und zwar in unserer Erörterung des *kommunistischen Humanismus*. Ich habe damals bemerkt, daß nach dem Marxismus-Leninismus zwischen Tier und Mensch ein Sprung liegt, eine Unterbrechung der Evolutionsgeraden. Das Schema war etwa dieses:

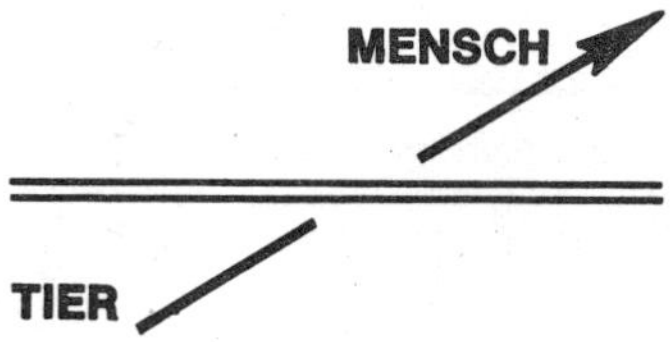

und nicht dieses:

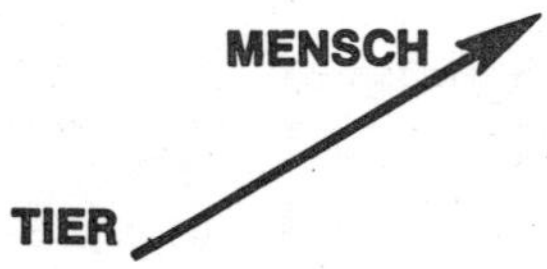

Dasselbe gilt auch hier: Der wirkliche, wesentliche Fortschritt kann nur durch einen *Bruch*, durch einen *Sprung*, das heißt durch eine *Revolution* zustande kommen. *Stalin* sagte einmal:

„Deshalb, um sich in der Politik nicht zu irren, muß man ein Revolutionär und kein Reformer sein."

Die langsamen Reformen können nie eine *wesentliche* Veränderung, also einen wahren Fortschritt herbeiführen.

Was ist nun eine *soziale Revolution?*

soziale Revolution = Anpassung des Überbaus

Sie ist ein gewaltsamer Umbruch, durch welchen die alten Produktionsverhältnisse an die neuen Produktivkräfte angepaßt werden. Genauer gesehen handelt es sich dabei vor allem um die Anpassung des juristischen und politischen Überbaus.

Freilich besteht die *Revolution* nicht nur darin. Der gesamte Überbau wird dann, schneller oder langsamer, geändert. So werden sich zum Beispiel die Kunst und die Moral des Landes langsam ändern. Aber das Wesentliche, das Ausschlaggebende in einer sozialen Revolution ist immer die Anpassung der Produktionsverhältnisse an die neuen Produktivkräfte.

Selbstverständlich wird eine solche Revolution immer von einer bestimmten Klasse durchgeführt, nämlich von der Klasse, die für die neuen Produktionsverhältnisse und damit auch für den gesamten neuen Überbau verantwortlich ist.

Um den Mechanismus dieser Entwicklung besser zu verstehen, müssen wir uns jetzt einer anderen Lehre des Historischen Materialismus zuwenden; ich meine die *Lehre von den Gesellschaftsformationen.*

5 Gesellschaftsformationen

Die *Gesellschaftsformation* wird wie folgt definiert: „Ein bestimmter historischer Typus der Gesellschaft mit einer Produktionsweise, einer Basis und einem Überbau, die für ihn charakteristisch sind."

Fünf solche Gesellschaftsformen soll es geben, und zwar in zeitlicher Reihenfolge:

1. **Urgemeinschaft**
2. **Sklavenhaltergesellschaft**
3. **Feudalismus**
4. **Kapitalismus**
5. **Sozialismus**

Gesellschaftsformen nicht übertragbar

Dies entspricht ziemlich genau der Auffassung der westeuropäischen Geschichte: der Vorgeschichte, der Antike, dem Mittelalter und dem modernen Zeitalter — wobei der Sozialismus die Zukunftsperiode sein soll. Unser Schema kann nicht auf andere Weltteile — nicht einmal auf Osteuropa — angewandt werden.

Lenin selbst hat einmal bemerkt, daß es in Rußland nie einen Feudalismus gegeben hat und das ist mit Ausnahme der Randgebiete wahr. Desto weniger kann man das marxistisch-leninistische System etwa auf Südafrika anwenden. Ich habe schon einmal bemerkt, daß wir bei Marx verschiedene Theorien finden, die durch den damaligen Stand der Wissenschaft gerechtfertigt waren, die aber heute unhaltbar geworden sind.

Hier haben wir einen solchen Fall: Unsere eigene Geschichte wird verdogmatisiert und als allgemeingültiges Schema für die menschliche Geschichte aufgefaßt. Es ist verblüffend, wie die sowjetische Geschichtsschreibung sich gegen jede Evidenz sträubt und sich bemüht, die Geschichte jedes Landes ohne Ausnahme in dieses Schema hineinzupressen. Mit Wissenschaft hat natürlich eine solche Anmaßung nichts zu tun.

Kehren wir zurück zu unseren fünf Formationen. Sie können wie folgt kurz gekennzeichnet werden:

Urgemeinschaft = Vorgeschichte

die URGEMEINSCHAFT:

Produktivkräfte: Sammeln, Jagen, ein bißchen Ackerbau und Viehzucht. Kein Überschuß an Gütern, deshalb ist die Ausbeutung noch nicht möglich, es gibt also noch keine Klassen.

keine Klassen

Produktionsverhältnisse: Kein Privateigentum — was übrigens historisch ganz falsch ist.

Politik: Zuerst die Horde, dann eine patriarchalische Verfassung.

Bewußtseinsformen: Zuerst keine Religion, dann etwa Animismus, primitive Kunst usw.

Jetzt findet die *erste Revolution* statt. Sie wird durch die Sklavenhalter durchgeführt, die die bis jetzt freien Menschen versklaven. So entsteht die zweite Formation:

1. soziale Revolution

die SKLAVENHALTERFORMATION:

Sklavenhaltergesellschaft = Antike

Produktivkräfte: Groß-Ackerbau und Viehzucht. Deshalb die Notwendigkeit, große Scharen straff organisierter Arbeiter zu halten. Daraus ergeben sich die

Produktionsverhältnisse: Privateigentum an Menschen — die Sklaverei — und an Produktionsmitteln. Zwei Hauptklassen: Die Sklavenhalter und die Sklaven.

Sklaven und Sklavenhalter

Politischer Überbau: Zuerst etwa die Athenische Demokratie, dann Römisches Kaisertum.

Bewußtseinsformen: Griechische und römische Religion, ihre Philosophie und Kunst.

Am Ende des Altertums kommt es zur *zweiten sozialen Revolution,* die von den Feudalherren durchgeführt wird. Es entsteht:

2. soziale Revolution

der FEUDALISMUS:

Feudalismus = Mittelalter

Produktivkräfte: Verfeinerter Ackerbau und Handwerk. — Wieder historisch ganz falsch, denn damals hatten wir keinen Fortschritt, sondern einen furchtbaren Rückschritt in der Wirtschaft. Aus der vermeintlichen Verfeinerung der Erzeugung ergibt sich aber nach dem Marxismus-Leninismus die Notwendigkeit, mehr selbständige Arbeiter zu haben und es erscheint jetzt als Typus der *Produktionsverhältnisse* das Volleigentum an Produktionsmitteln — ganz falsch wieder — und ein Halbeigentum an Menschen, die aus Sklaven zu Leibeigenen werden. Zwei Hauptklassen: Feudalherren und Leibeigene.

Leibeigene und Feudalherren

Politischer Überbau: der Feudalismus.

Bewußtseinsformen: Katholische Religion, Scholastik, gotische Kunst.

Am Ende dieser Periode wird die *dritte soziale Revolution* durch das Bürgertum durchgeführt — es ist die große Französische Revolution. Es entsteht:

3. soziale Revolution

der KAPITALISMUS

Kapitalismus = modernes Zeitalter

mit der *Manufaktur als Hauptproduktionstypus,* kein Privateigentum an Gütern mehr, aber an Menschen, mit der bürgerlichen Republik als politischem Überbau und der modernen Kunst, Kantischer Philosophie und ähnlichem als *Bewußtseinsformen.* Die Hauptklassen sind die Kapitalisten und die Proletarier. Wir haben über diese Formation schon Verschiedenes gesagt.

Proletarier und Kapitalisten

letzte soziale Revolution

Kommunismus: Zukunftsperiode

Endlich kommt die vierte und letzte Revolution zustande: die proletarische. Die Menschheit tritt in die Formation des *Sozialismus,* der sich dann aber ohne eine weitere Revolution in den KOMMUNISMUS umwandeln soll.

Als *Produktivkraft* haben wir jetzt die große, mechanisierte Industrie;

als *Produktionsverhältnisse* kein Privateigentum mehr;

Aufhebung des Staates

als *politischen Überbau* zuerst die Diktatur des Proletariats, dann die Aufhebung des Staates;

als *Bewußtseinsformen* den Marxismus-Leninismus und den sozialistischen Realismus in der Kunst, die kommunistische Moral und keine Religion mehr.

Klassen verschwinden

Die Klassen verschwinden.

Das ist das Schema. Ein boshafter Witz eines Kritikers der sogenannten DDR kann uns helfen, dieses Schema zu memorieren. Er sagte nämlich, die DDR hätte aus jeder unserer fünf Formationen das Beste entnommen: Aus der Urperiode die Technik; aus der Antike — die Sklaverei; aus dem Feudalismus — die Hierarchie; aus dem Kapitalismus — die Ausbeutung der Arbeiter und die Wohnungsnot; aus dem Sozialismus aber — den Namen.

Wichtiger als solche mnemotechnischen Witze sind vielleicht folgende Bemerkungen:

Kreislauf der gesellschaftlichen Entwicklung

Wir stellen fest, daß hier am Anfang und am Ende zwei Perioden stehen, klassenlose Perioden: die Urgemeinschaft und der Sozialismus. Zwischen ihnen steht die Klassengesellschaft mit ihren drei Formationen: der Sklavenhalterei, dem Feudalimus und dem Kapitalismus. Somit haben wir gewissermaßen einen Kreislauf: Der Sozialismus ist eine Rückkehr zur Urgemeinschaft.

Freilich ist es eine Rückkehr auf einer höheren Ebene, denn im Sozialismus soll man, im Gegensatz zur Urgemeinschaft, einen Überfluß an Gütern haben. Diese Entwicklung entspricht aber dem Hegelschen Schema der These — Antithese und Synthese. Das sieht etwa so aus:

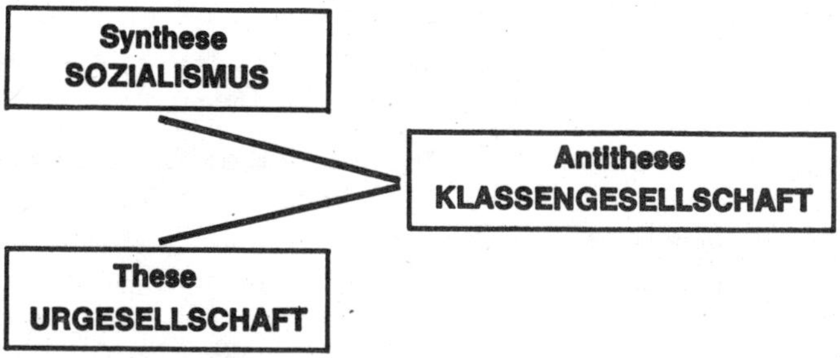

Negation der Negation

Spirale der Entwicklung

Dabei ist die Antithese die Negation der These, die Synthese aber die Negation der Antithese, also die *Negation der Negation der These.* Demnach geht die Geschichte nicht gradlinig, sondern in Form einer *Spirale* voran.

Etwas Ähnliches finden wir im Hinblick auf das gegenseitige Verhältnis der drei letzten Formationen. Hier ist der Feudalismus eine durch und durch soziale Formation: Der Einzelmensch ist fest in die Gesellschaft eingebaut. Diese soziale Verfassung wird durch den Individualismus der kapitalistischen Formation negiert.

Dann kommt aber der Sozialismus, der wieder sozial ist — also den Kapitalismus negiert und gewissermaßen zum Feudalismus, jedoch auf einer höheren Ebene, zurückkehrt.

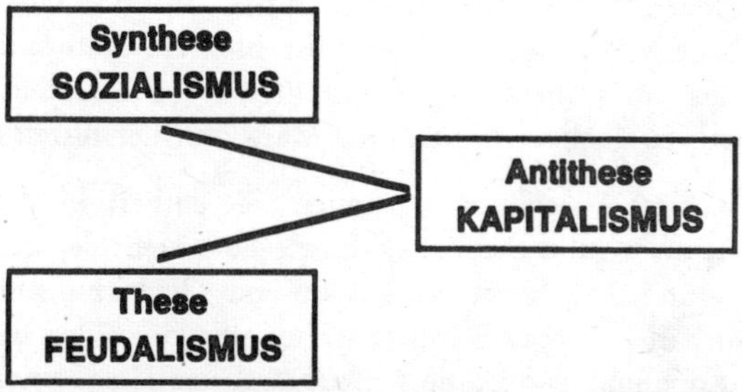

Wie man sieht, ist es dasselbe Hegelsche Schema.

Stellen wir uns nun die folgende Frage: Was *ist* diese Theorie der Geschichte? Welches ist ihr logischer Status, ihre logische Berechtigung?

soziologische Geschichtshypothese

Von *unserem* Standpunkt aus, vom Standpunkt zeitgenössischer Methodologie der Wissenschaften ist die Antwort klar: Es ist eine *soziologische, erklärende Hypothese,* die auf Grund von historischen Feststellungen aufgebaut worden ist, um sie zu erklären. So etwa wie die Kopernikanische Theorie auf Grund von Beobachtungen, die man am Himmel gemacht hatte, aufgestellt worden ist, um sie zu erklären. Sie soll also angenommen oder verworfen werden wie jede andere soziologische Theorie; sie soll angenommen werden, falls sie die uns bekannten Tatsachen genügend erklärt, verworfen aber soll sie werden, wenn sie nicht imstande ist, dies zu leisten. Sie ist jedenfalls kein ewig geltendes Gesetz, das außerhalb jeder Kritik steht.

Leider hat sich folgendes ereignet: Die Marxsche erklärende Hypothese — und sie war für seine Zeit eine großartige wissenschaftliche Leistung — schien mit den sogenannten dialektischen Gesetzen der Hegelianischen Philosophie voll übereinzustimmen. Dazu kommt, daß man damals noch keine Ahnung vom Wesen einer erklärenden Hypothese hatte und meinte, alles sei in den Erfahrungswissenschaften ebenso absolut bewiesen wie in der Mathematik. Andererseits standen die damaligen Denker in Deutschland — und damit auch Marx — unter dem Einfluß Hegels.

Marx fand nun wenigstens vier der hegelschen dialektischen Gesetze in seiner Theorie verwirklicht:

Hegels vier dialektische Gesetze

Das Gesetz *der notwendigen, optimistisch gedachten Entwicklung*; das Gesetz *der Widersprüche;* das *Gesetz des sogenannten Umschlagens der Quantität in die Qualität,* d. h. der plötzlichen Sprünge; und endlich das *Gesetz der Negation der Negation.*

Kein Wunder, daß er deshalb seine erklärende Hypothese für eine *endgültige, absolute Wahrheit* nahm.

Das kann man aus der geistigen Lage der Zeit wohl verstehen und es wäre verfehlt, von Marx zu verlangen, daß er unser sachliches und methodologisches Wissen besitze. Was aber nicht geht, ist, hundert Jahre später die Marxsche Theorie als ein wahres Dogma zu verkünden und die Menschen zu zwingen, danach zu denken, wie dies die Marxisten-Leninisten tun.

Marxsche Theorie heute unannehmbar

Denn heute ist diese Theorie unannehmbar. Sie enthält wohl einige richtige Einsichten, aber im wesentlichen ist sie falsch. So besteht sie, wie schon gesagt, in einer unbegründeten, Extrapolation unserer Geschichte auf die gesamte Menschheit; so basiert sie, auch innerhalb unserer Geschichte auf einer Reihe von falschen Annahmen; so ist sie endlich und vor allem eine geradezu ungeheuere Vereinfachung der wirklichen Vorgänge.

Die menschliche Geschichte ist unvergleichlich komplizierter als es diese Theorie wahrhaben will.

Zusammenfassung zum Kapitel VIII:

GESCHICHTE UND IDEOLOGIE

HISTOMAT

1. Grundprinzip (s. voriges Kapitel).

2. Statische Analyse der Gesellschaft (s. voriges Kapitel).

3. **Dynamische Analyse der Gesellschaft (Geschichte).**

   Grundlage ist der Rolltreppenbegriff der Geschichte (Karl Wittvogel): Die Geschichte rollt wie eine Rolltreppe ohne Unterbrechung, unbeeinflußbar vom menschlichen Willen, nach oben zum Kommunismus. Ihr Lauf in Form einer Spirale ist ungleichmäßig. Es gibt Sprünge und Unterbrechungen, denn sie wird von den Produktivkräften getrieben. Sie sind der **revolutionäre Inhalt,** dem die Produktionsverhältnisse als **stabile Form** nur zögernd folgen. Das ergibt eine stetige Spannung.

   Bestehende Produktionsverhältnisse (Eigentumsverhältnisse) werden für die durch qualitative Entwicklung neuerstandenen Produktivkräfte zu „Ketten" (Marx). Der notwendige Bruch, Sprung, ist immer plötzlich und gewaltsam: **soziale Revolution.** Ihr paßt sich der juristische Überbau an. Der wahre Fortschritt nur durch Revolution möglich. Langsame Reformen bringen nie eine wesentliche Veränderung der Gesellschaft (Stalin). Die Revolution wird immer von einer bestimmten Klasse durchgeführt.

4. **Lehre von der Gesellschaftsformation:** Historischer Typus der Gesellschaft mit charakteristischer Produktionsweise, Basis und Überbau.

   a) **Urgemeinschaft (Vorzeit)**

      Kein Güterüberschuß, also auch keine Ausbeutung, daher keine Klassen. Kein Privateigentum.

      Erste soziale Revolution durch Sklavenhalter.

   b) **Sklavenhaltergesellschaft (Altertum)**

      Viel Ackerbau, viel Viehzucht. Notwendigkeit großer Scharen straff organisierter Arbeiter. Privateigentum an Menschen (Sklaven) und an Produktionsmitteln. Zwei antagonistische Hauptklassen: Sklaven gegen Sklavenhalter. Athenische Demokratie, römisches Kaisertum.

      Zweite soziale Revolution durch Feudalherren.

c) **Feudalismus (Mittelalter)**

Verfeinerter Ackerbau und Handwerk. Volleigentum an Produktionsmitteln und Halbeigentum an Menschen, Leibeigene. Zwei Hauptklassen: Leibeigene gegen Feudalherren.

Dritte soziale Revolution durch das Bürgertum (große Französische Revolution).

d) **Kapitalismus (Neuzeit)**

Manufaktur erfordert flüssiges und veränderliches Arbeiterpotential. Kein Privateigentum an Menschen mehr, aber an Gütern. Bürgerliche Republik. Zwei antagonistische Hauptklassen: Proletarier gegen Kapitalisten.

Vierte soziale Revolution durch das Proletariat (Oktoberrevolution).

e) **Sozialismus (Zukunftsvision)**

Er soll sich ohne weitere Revolution zum Kommunismus wandeln. Große mechanische Industrie, kein Privateigentum, Diktatur des Proletariats, Aufhebung des Staates, sozialistischer Kunstrealismus, kommunistische Moral, keine Religion, Klassen verschwinden.

Der Sozialismus bedeutet eine Rückkehr zur Urgemeinschaft auf höherer Ebene: **Klassenlose Urgemeinschaft** — Sklavenhalterei — Feudalismus — Kapitalismus — **klassenloser Sozialismus.** Das entspricht dem Hegelschen Schema

These: Urgesellschaft

Antithese: Klassengesellschaft (Negation der These)

Synthese: Sozialismus (Negation der Negation der These)

Gleiches Schema: Feudalismus — Kapitalismus — Sozialismus.

Diese Theorie der Geschichte wird durch eine auf Grund von historischen Feststellungen aufgebaute soziologische Hypothese erklärt (zum Vergleich: Kopernikanische Theorie). Sie kann daher kein ewig gültiges Gesetz sein, keine absolute Wahrheit, wofür sie von Marx gehalten wurde getreu der **Hegelschen Dialektik.**

Schlußbetrachtung: Diese Marxsche Theorie der Geschichte ist heute im wesentlichen unannehmbar. So ist nicht nur die soziologische Beurteilung der einzelnen Gesellschaftsformation fehlerhaft, sondern auch die Zuordnung dieser Formationen auf die gesamte Entwicklung in anderen Ländern und Weltteilen nicht möglich. Lenin hat selbst festgestellt, daß es z. B. keinen Feudalismus im eigentlichen Rußland gegeben hat.

IX. Die Dialektik

Wir haben uns bis jetzt mit historischen Angelegenheiten des Marxismus-Leninismus und dem sogenannten Historischen Materialismus kurz befaßt. Das waren relativ leicht verständliche Gebiete. Heute müssen wir uns aber der Metaphysik des Kommunismus zuwenden, die „Dialektischer Materialismus" heißt, abgekürzt „DIAMAT".

DIAMAT = Kern des Marxismus-Leninismus

Diese Metaphysik besteht aus ganz abstrakten und schwierigen Lehren. Leider können wir uns eine Anstrengung in dieser Richtung nicht ersparen, denn die Dialektik soll nach Lenin die „Seele" des Marxismus-Leninismus sein — und tatsächlich bildet der DIAMAT im Marxismus-Leninismus so etwas wie die Grundlage für alles andere.

Es gibt zwar im Westen Anhänger von Marx, die vom DIAMAT nichts wissen wollen, und mir scheint, sie haben recht, aber der kommunistische Marxismus, d. h. der Marxismus-Leninismus ist ohne diesen DIAMAT überhaupt nicht denkbar. Der DIAMAT ist sein Kern.

In der Darstellung werde ich versuchen, mich auf das zu beschränken, was ich einmal den *Kernglauben* genannt habe — also, so weit wie möglich, den *spekulativen Überbau* zu übergehen.

Ganz läßt sich dies leider nicht durchführen und ich darf deshalb um Entschuldigung bitten, daß ich von Ihnen heute und auch in der nächsten Vorlesung einige Anstrengung verlangen muß. Heute werde ich von der *materialistischen Dialektik* im allgemeinen sprechen, in der nächsten Vorlesung aber über ihre Anthropologie, d. h. über die *Lehre vom Menschen.*

Engels: Dialektik der Natur

Plechanow

Der *Dialektische Materialismus* ist nicht das Werk von *Karl Marx,* sondern von *Engels.* Karl Marx hat den Historischen Materialismus entworfen. *Engels* hat dann gedacht, daß dieselben dialektischen Gesetze, die im Historischen Materialismus erscheinen, verallgemeinert werden können. Während also Marx eine *Dialektik der Gesellschaft* aufgebaut hat, wollte Engels eine ihr entsprechende *Dialektik der Natur* entwickeln. So heißt auch sein wichtigstes, erst 1930 veröffentlichtes Buch. Der Name „Dialektischer Materialismus" stammt freilich nicht einmal von Engels selbst, sondern von *Plechanow;* aber das Wesentliche seines Inhalts ist bei Engels zu finden.

Lenin hat ihn dann übernommen und ein wenig verändert. Seitdem gibt es, vor allem in der Sowjetunion, eine Unmenge, wenn auch oft uninteressante Literatur darüber.

Für das Verständnis dieser weitverzweigten und komplizierten Lehre sind vor allem drei ihrer Richtungen wichtig. Der *Dialektische Materialismus* ist nämlich

erstens eine Verallgemeinerung, eine Projizierung ins Kosmische, der Marxschen sozialen Lehren, er ist

zweitens eine unwesentlich umgeänderte Darstellung dessen, was man den Glauben der Aufklärung nennen könnte.

Drittens ist der DIAMAT, soweit es sich um die Formulierung handelt, um die philosophische Auslegung, eine Verbindung — es wäre besser „Verquickung" zu sagen — zweier ganz verschiedener Philosophen, des *Hegelianismus* und des *Materialismus.*

Diese drei Eigenschaften zu verstehen ist viel wichtiger als alles andere. Deshalb wollen wir sie zuerst kurz erörtern.

DIAMAT = Verallgemeinerung des HISTOMAT

1. Der DIAMAT *ist eine Verallgemeinerung der Marxschen sozialen Lehren.* Fast alles, was in ihm gesagt wird, gründet darauf, daß man gewisse Gesetze, die Marx für die Gesellschaft und für die Geschichte als wirksam zu erkennen glaubte, als allgemeine Gesetze aller Dinge, also als Seins-Gesetze, auffaßt. Wir werden das noch im einzelnen genauer sehen. Hier möge ein Beispiel genügen:

Widersprüche im Wesen aller Dinge

Marx glaubte, daß es überall Klassenkämpfe und Widersprüche in der Geschichte gab: Daraus ist die Lehre von ähnlichen Widersprüchen zwischen z. B. der positiven und negativen Elektrizität — so steht es bei Engels — entstanden, und ein Gesetz wurde aufgestellt, nach welchem *es Widersprüche im Wesen jedes Dinges gibt.*

Vernunft als höchste Instanz

2. Der DIAMAT ist eine im einzelnen originelle, unwesentlich abgeänderte Darstellung jenes Glaubens, den wir als „Aufklärung" bezeichnen. Alles kann verstanden werden, alles kommt deterministisch und notwendig zustande, alles entwickelt sich zu immer Besserem, es gibt keinen Gott, die Vernunft allein soll den Menschen leiten, usw. All das wurde vom DIAMAT übernommen und zu einem bleibenden Dogma gemacht. Der Dialektische Materialismus ist für sie in seinem Wesen ein *Katechismus der Aufklärung* ihres Glaubens.

DIAMAT: hegelianisch und materialistisch — unvereinbar

3. Der DIAMAT ist, wie sein Name schon sagt, einerseits dialektisch, d. h. hegelianisch — andererseits materialistisch. Das bedeutet aber, daß er dadurch entstanden ist, daß man zwei ganz verschiedene Philosophien miteinander verbunden hat. Die *hegelianische* und die *materialistische.* Dieser Umstand ist das Verhängnis des DIAMATS. Denn es handelt sich um zwei entgegengesetzte Philosophen, die in sehr vielen Teilen in schroffem Widerspruch stehen. Eine Verbindung beider Standpunkte ist logisch nicht durchführbar.

Das ist auch der Grund, warum wir unter den *Diamatikern* — den Philosophen des Marxismus-Leninismus — immer zwei Tendenzen feststellen können: Die einen sind mehr hegelianisch, die anderen mehr materialistisch.

Heute scheint mir der *Hegelianismus* bei weitem zu überwiegen; aber er kann nicht rein vorgetragen werden, denn die genannte Verbindung mit dem *Materialismus* gehört zum kommunistischen Kernglauben, muß also von jedem Kommunisten angenommen werden.

Das also ist das Wichtigste: Der DIAMAT ist eine Verallgemeinerung des HISTOMATS, er formuliert den Glauben der Aufklärung und verbindet hegelianische Gedanken mit materialistischen.

Wir müssen uns jetzt den Einzelheiten zuwenden: Die Kommunisten selbst pflegen den DIAMAT in zwei Kapiteln darzustellen. Das erste behandelt den *Begriff der Materie*, das zweite die Gesetze ihrer Bewegung, also die *Dialektik*. Wir werden ihnen hier folgen und fangen mit der Materie an.

Begriff der Materie

Wenn wir irgendein kommunistisches Lehrbuch öffnen, so finden wir dort am Anfang die Formulierung des sogenannten Grundproblems der Philosophie. Es lautet:

„Das Grundproblem der Philosophie ist die Frage nach der Beziehung zwischen dem Denken und dem Sein, dem Geist und der Natur: welches das erste der beiden ist“ und weiter lesen wir:

„Es gibt zwei Antworten auf diese Frage: Die Materialisten schreiben die Priorität der Materie zu; sie meinen, daß niemand die Welt geschaffen hat, daß die Natur ewig besteht. Die Idealisten schreiben die Priorität dem Denken oder dem Geist zu.“

Das ist freilich hoffnungslos verschwommen. Liest man jedoch die Kommentare dazu, findet man, daß es sich um drei verschiedene, obwohl teilweise zusammenhängende Behauptungen handelt. Der Marxismus-Leninismus versteht unter Materialismus drei verschiedene Lehren.

extremer Realismus

Erstens, daß unsere Erkenntnis nicht schöpferisch ist, sondern nur die außer ihr bestehenden Dinge widerspiegelt. Das nennen wir in der Philosophie einen erkenntnistheoretischen und zwar *extremen Realismus.*

Der DIAMAT meint also, daß z. B. beim Anblick einer Kuh das Sehen nicht etwa darin besteht, daß ich dieses liebenswürdige Tier aus nichts als aus meinem Denken konstruiere oder schaffe, sondern, daß ich mir die schon existierende Kuh aneigne, also gewissermaßen selbst geistig zu einer Kuh werde. Und darin hat der DIAMAT meines Erachtens vollständig recht.

Atheismus

Zweitens, und das ist eine völlig andere Angelegenheit, behauptet er, daß es keinen Schöpfer der Welt gibt, daß vielmehr die Materie ewig ist. Daß dies etwas ganz anderes ist, erkennt man daran, daß man sehr wohl die realistische Auffassung der Erkenntnis teilen kann und doch annehmen kann. In dieser zweiten Hinsicht handelt es sich um den *Atheismus*.

gemäßigter Materialismus

Drittens behauptet der DIAMAT, daß im Menschen der Körper im Vergleich mit dem Geist primär, fundamentaler sei. Der Geist soll nur ein Produkt, eine Funktion der Materie sein. Das hat aber weder mit dem Realismus, noch mit Atheismus irgend etwas zu tun — es ist der echte, obwohl gemäßigte *Materialismus*.

Wir haben es also hier mit einer *realistischen, atheistischen* und *materialistischen* Lehre zu tun. Merkwürdig dabei ist, daß jeder, der in irgendeinem Punkt mit den Marxisten-Leninisten nicht übereinstimmt, gleich als „Idealist" gebrandmarkt wird, obwohl er in anderen Lehren derselben Meinung sein kann. Es handelt sich um eine sehr unglückliche Terminologie, die übrigens typisch für Engels ist.

Lassen wir nun den Realismus und den Materialismus einen Augenblick außer acht, wir werden noch später darauf zurückkommen, und betrachten wir den Atheismus oder, positiv gesehen, die *Lehre von der ewigen Welt* etwas genauer. Sie sieht etwa so aus:

Die Natur — sie wird auch „Materie" genannt — ist zuerst *ewig* — sie hat keinen Anfang und kein Ende in der Zeit. Sie ist, zweitens, nicht nur unbeschränkt, sondern auch *unendlich im Raum*.

Letzten Endes ist sie auch *unendlich*, wie man sagt, *in der Tiefe*. Das bedeutet, daß sie in ihrem Schoß eine Unendlichkeit von Formen enthält, die sich nach und nach aus ihr entwickeln — etwa Formen des Pflanzenlebens, der Tiere, der menschlichen Gesellschaft.

Dies ist eine Metaphysik, die wir fachphilosophisch als *monistisch, evolutionistisch* und *optimistisch* kennzeichnen.

Monistisch, weil es nach ihr im Grunde nur *ein* Wesen gibt, die Natur.

Evolutionistisch, weil diese Natur sich aus eigenen Kräften entwickelt,

endlich *optimistisch*, weil sie sich zu immer Höherem entwickelt.

Rutkiewitsch

In diesem letzten Punkt sind sich nicht alle Marxisten und Leninisten einig. Manche — wie Professor Rutkiewitsch aus Moskau — glauben, daß die Natur sich vielleicht zyklisch einmal zum Besseren entwickelt, dann aber auf das Primitivere zurückfällt — die Geschichte der Welt könnte also wie eine Harmonika gedacht werden. Das sind aber Ausnahmen.

Emergenz-Metaphysik

Von einem anderen Standpunkt aus nennt man eine solche Metaphysik — *Emergenz-Metaphysik*; eine ähnliche wurde z. B. durch eine Reihe von englischen Denkern am Anfang dieses Jahrhunderts vertreten — etwa durch *Lloyd, Morgan, Alexander* und *Whitehead*. Sie ist also nicht besonders neu.

Neu ist dagegen im Vergleich mit den genannten Emergenz-Metaphysikern die *Dialektik*. Dieses Wort hat sehr viele Bedeutungen. Es bedeutet oft nur die Kunst, schlau zu diskutieren und seinen Gegner durch Tricks zu schlagen.

Dialektik = Inbegriff der Entwicklung

Im Marxismus-Leninismus wird aber die Dialektik ganz anders aufgefaßt. Sie ist der Inbegriff der allgemeinsten Gesetze der Entwicklung der Natur, der Gesellschaft und des menschlichen Denkens. Die Gesetze der Entwicklung der Gesellschaft haben wir schon bei der Darstellung des Historischen Materialismus aufgezählt; jene des Denkens gehören zur Lehre vom Menschen. Hier wollen wir uns nur auf die allgemeinsten dialektischen Gesetze der Natur beschränken.

Im Laufe der Geschichte gab es darüber, was ihre Anzahl betrifft, verschiedene Meinungen. Engels nannte drei, Lenin sechzehn, Stalin vier. Nun hält man sich wieder an die drei Engelschen Gesetze, behandelt aber auch das erste Stalinsche dialektische Gesetz als eine Art Vorrede dazu. Ich werde diese Vorrede als ein besonderes Gesetz betrachten und somit von vier Gesetzen sprechen.

Sie heißen: Gesetz des Zusammenhanges, Gesetz des Umschlagens der Quantität in die Qualität, Gesetz der Widersprüche und Gesetz der Negation der Negation.

Gesetz des Zusammenhangs

Das Gesetz des *Zusammenhangs* lehrt einfach, daß alle Dinge, alle Erscheinungen in der Natur untereinander verbunden sind. So formuliert ist es eine Binsenwahrheit; der DIAMAT ist übrigens voll solcher Binsenwahrheiten. Sieht man sich die Sache näher an, dann stellt man fest, daß hinter dieser einfachen Formulierung noch manch anderes steht.

So ist der Zusammenhang, von welchem man hier spricht, unter anderem auch ein *kausaler* Zusammenhang. Das will heißen, daß es keine Erscheinungen ohne Ursachen gibt und zwar wird die Ursache nicht etwa als eine Bedingung oder ein zeitlich vorangehendes Phänomen aufgefaßt: Die Ursache erzeugt, produziert die Folge. Deshalb kann es in der Folge nichts geben, das in der Ursache nicht enthalten wäre. Der DIAMAT bekennt sich auch ausdrücklich zum *Determinismus*. Er lehrt, daß alles, was zustande kommt, *notwendig* zustande kommt.

Determinismus

Freilich spricht man im DIAMAT auch vom *Zufall;* aber es ist nur von einem beschränkten Standpunkt aus ein Zufall. Zum Beispiel ist es ein Zufall, wenn eine Pflanze vom Hagel zerstört wird, weil eine solche Zerstörung sich nicht aus den Gesetzen des Lebens dieser Pflanze ergibt. Aber vom Standpunkt des Weltalls aus gibt es keinen Zufall, sondern alles ist streng durch die Kette der Ursachen bestimmt.

beschränkter Zufall

Wie man sieht, handelt es sich hier um eine Verallgemeinerung zweier sozialer Lehren des Historischen Materialismus. Dieser lehrt, daß der Mensch in der Gesellschaft mit anderen Menschen verbunden ist und daß die Entwicklung der Gesellschaft mit einer Rolltreppe vergleichbar ist, die notwendigerweise zum *Kommunismus* führt. Jetzt wird das gleiche von allen Dingen behauptet und die *gesamte Weltgeschichte* — nicht nur jene der Menschen — als eine Rolltreppe gedacht.

Weltgeschichte als Rolltreppe

Das ist das erste dialektische Gesetz.

Gesetz der dialektischen Sprünge

Das zweite ist jenes des Umschlagens der Quantität in die Qualität oder, um es kürzer zu sagen, der *dialektischen Sprünge*. Wir haben im Historischen Materialismus gesehen, daß das Entscheidende in der Entwicklung der Gesellschaft in den Revolutionen besteht — daß diese aber durch langsame Veränderungen in den Produktivkräften vorbereitet werden.

wesentliche Entwicklungen durch Revolutionen

Der DIAMAT verallgemeinert nun diese Behauptung: In der gesamten Welt, im Seienden, kommt jede wesentliche Entwicklung durch Revolutionen zustande, nämlich durch Sprünge von einer Qualität zu einer anderen — aber diese Sprünge werden durch kleine, langsame Veränderungen der Quantität vorbereitet.

sprunghafte Weltentwicklung

Das folgende Beispiel von Engels wird uns helfen, dieses merkwürdige Gesetz zu verstehen. Man nehme einen Topf voll Wasser und stelle ihn im Winter draußen hin. Die Temperatur sinkt. Das sind jene quantitativen, langsamen Veränderungen. Wenn die Temperatur ein wenig unter Null ist, geben wir dem Topf einen Schlag — und die Masse des Wassers verwandelt sich in Eis. Das ist der dialektische Sprung, die Entstehung einer neuen Qualität. Der Verlauf der Entwicklung der Welt ist also nicht linear,

er sieht nicht etwa so aus,

sondern eher so,

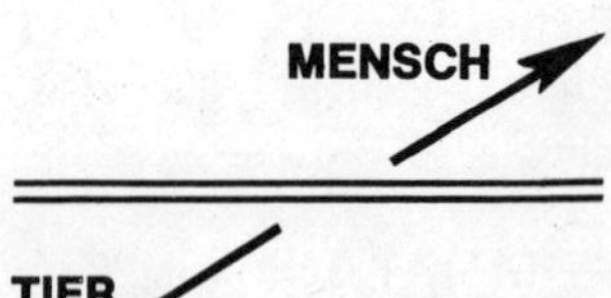

wie wir es schon gesehen haben.

Diese Lehre hat weitgehende philosopische Konsequenzen. Denn wenn derartig sprunghaft gebildete Qualitäten angenommen werden, heißt das, daß die Welt nicht etwa aus einem einheitlichen Stoff, sondern in Schichten aufgebaut ist und zwar in Schichten, die sich voneinander *wesentlich*, ihrer Natur nach und nicht nur nach der größeren oder kleineren Komplexität, unterscheiden.

So kann man sich nach dem DIAMAT das Leben nicht als einen komplizierten Mechanismus vorstellen. Es ist mehr und etwas ganz *anderes* als ein Mechanismus. Dasselbe gilt, wie wir schon gesagt haben, vom Menschen: Der Mench ist nicht nur ein höheres Tier; er ist von allen Tieren *wesentlich* verschieden.

das Leben ist mehr als Mechanismus

Die höheren Schichten lassen sich auf die niedrigeren nicht einfach zurückführen. Wer das tut, wird von den Marxisten-Leninisten ein „Vulgärmaterialist" genannt. Wie man sieht, ist es ratsam, das Wort „Materialismus" mit Vorsicht zu gebrauchen, wenn man vom Marxismus-Leninismus spricht.

kein Vulgärmaterialismus

Viel konsequentere, radikalere Materialisten haben wir unter den Nicht-Kommunisten.

Das dritte Gesetz ist jenes der *Widersprüche* oder genauer gesagt, der Einheit und des Kampfes der Gegensätze. In der Klassengesellschaft haben wir nach Marx immer zwei Hauptklassen, die miteinander verbunden sind — durch die Ausbeutung, durch die sie miteinander im Kampf stehen.

Gesetz der Widersprüche

Dieser Kampf ist die treibende Kraft der Geschichte, denn er führt zu den Revolutionen, durch welche allein ein wesentlicher Fortschritt zustande kommt. Jetzt wird diese Lehre *ins Kosmische* projiziert: Im Wesen jedes Dinges gibt es zwei sich gegenseitig widerstrebende Seiten, zwischen denen ein Widerspruch besteht. Dieses Widerstreben ist die treibende Kraft, nicht nur der Gesellschaft, sondern jeder Entwicklung. Damit verbindet der DIAMAT noch eine ziemlich ungereimte Lehre von den echten Widersprüchen. Er lehrt, daß es sich im Wesen der Dinge nicht etwa nur um Gegensätze von *zwei* verschiedenen Aspekten handelt — sondern daß ein und dasselbe Ding unter demselben Gesichtspunkt gleichzeitig etwas ist und auch nicht ist.

Klassenkampf: ewig gültiges Seins-Gesetz

Das ist ein Unsinn und es ist erfreulich, festzustellen, daß es in der Sowjetunion Denker gibt, die diese Lehre nicht annehmen.

Aber alle Kommunisten glauben, daß es Gegensätze im Wesen aller Dinge gibt und daß dieser Gegensätze wegen jedes Ding und die gesamte Natur notwendig vorwärts strebt.

Und zum Schluß haben wir noch das Gesetz der *Negation der Negation.*

Gesetz der Negation der Negation

Es ist eine Verallgemeinerung jenes Bildes der Entwicklung der Gesellschaft, das wir im letzten Vortrag skizziert haben. Die feudale, streng soziale Gesellschaft wird durch die individualistische Gesellschaft des Bürgertums negiert; diese wiederum wird durch den Sozialismus, der, wie der Name qualitative Entwicklung

sagt, sozial ist, also wieder negiert; somit ist der Sozialismus die Negation der Negation des Feudalismus — er kehrt zu jenem zurück, aber auf einer *höheren* Ebene. Dasselbe soll nun auch von allen anderen Dingen gelten.

So wird ein Samen, wenn er in der Erde verdirbt, negiert; dieses Verderben wird aber wieder durch die Entstehung der Pflanze negiert; die Pflanze ist also die Negation der Negation des Samens.

Das Heikle dabei ist der Begriff der *Negation*. Wenn ich den Samen, anstatt ihn in eine fruchtbare Erde einzupflanzen, einfach zerquetsche, dann entsteht keine Pflanze und keine Negation der Negation. Die Negation muß also hier eine ganz besondere sein. Eine allgemeine Regel kann man daraus nicht ableiten.

Das ist also die *Dialektik*. Sie enthält sicher viel Richtiges. So hängen ganz sicher die Dinge auf verschiedene Weise zusammen; es scheint auch klar, daß es manchmal in der Natur Sprünge gibt — man denke nur an die Quanten und an die Mutation; weiter ist es schwer zu leugnen, daß es in den Dingen oft Gegensätze gibt. Vielleicht kommt auch hie und da eine zyklische Entwicklung nach dem Schema der These, Antithese und Synthese vor.

Aber zwei Sachen sind ebenso sicher wie dies: Einerseits, daß alles gar nicht so allgemein und einfach ist, wie es der DIAMAT haben will. So ist die letztgenannte, zyklische Entwicklung eher eine Ausnahme. So sind die Gegensätze in den Dingen, wie es scheint, gar nicht die einzigen treibenden Kräfte der Bewegung. Das ist das eine: Der DIAMAT vereinfacht und verallgemeinert auf eine geradezu unerträgliche Weise.

Zusammenfassung zum Kapitel IX:

DIE DIALEKTIK

1. **Der dialektische Materialismus (DIAMAT)**

Metaphysik, Kernglaube, nach Lenin „Seele" des Marxismus-Leninismus und Grundlage seiner Lehren. Er ist das Werk von Engels. Lenin hat den DIAMAT leicht verändert übernommen.

a) Der DIAMAT ist eine **Verallgemeinerung der Marxschen sozialen Lehren (HISTOMAT).** Diese werden zu Seins-Gesetzen ausgestaltet.

b) Der DIAMAT ist eine **unwesentlich abgeänderte Darstellung des Aufklärungsglaubens.** Alles kommt deterministisch und notwendig zustande und entwickelt sich zu immer Besserem. Es gibt keinen Gott, nur die Vernunft soll den Menschen leiten.

c) Der DIAMAT ist eine **Verquickung zweier widersprüchlicher Philosophien, des Hegelianismus und des Materialismus,** die logisch undurchführbar ist.

2. **Der Begriff der Materie**

a) Die menschliche Erkenntnis ist nicht schöpferisch, sie widerspiegelt nur die außer ihr bestehenden Dinge: **Extremer Realismus.**

b) Es gibt keinen Schöpfer, die Materie ist ewig, unendlich in den Formen und im Raum: **Atheismus.**

c) Der Geist ist nur Produkt und zugleich Funktion der Materie: **Gemäßigter Materialismus.**

Diese dialektische Metaphysik ist **monistisch** (Natur einziges Wesen), **evolutionistisch** (Entwicklung aus eigenen Kräften), **optimistisch** (Entwicklung zum Besseren).

Manche Marxisten-Leninisten (Rutkiewitsch) meinen, daß sich die Natur wie eine Harmonika zyklisch zum Besseren entwickelt, jedoch immer wieder in die Primitivität zurückfällt: **Emergenz-Metaphysik** (s. auch Lloyd, Morgan, Alexander und Whitehead).

3. **Die Bewegungsgesetze der Materie: Dialektik**

Keineswegs Diskutierkunst, sondern Inbegriff der allgemeinsten Gesetze der Entwicklung der Natur, der Gesellschaft und des menschlichen Denkens.

a) **Gesetz des Zusammenhangs:** Alle Dinge, alle Erscheinungen in der Natur im kausalen Zusammenhang. Die Ursache **produziert** die Folge. Alles kommt **notwendig** zustande (Determinismus). Der **Zufall** nur beschränkt, außerhalb der gesetzmäßigen Entwicklung, zugelassen.

Hier wird der **Rolltreppenbegriff** (HISTOMAT) auf die gesamte Weltgeschichte ausgedehnt.

b) **Gesetz des Umschlagens der Quantität in Qualität (Gesetz der Sprünge):** Jede wesentliche Entwicklung in der Welt ist nicht linear. Sie kommt durch Sprünge (Revolutionen) von einer Qualität in die andere zustande, die durch langsame Veränderung der Quantität vorbereitet werden. Das Leben ist etwas ganz anderes als ein Mechanismus (kein Vulgärmaterialismus). Die höheren Schichten lassen sich auf die niedrigen nicht einfach zurückführen (gemäßigter Materialismus).

Hier wird die **Revolutionstheorie** des HISTOMAT auf das gesamte Weltgeschehen verallgemeinert.

c) **Gesetz der Widersprüche (Gesetz der Einheit und des Kampfes der Gegensätze):** Im Wesen aller Dinge gibt es Gegensätze. Der Widerspruch treibt die Entwicklung jedes Dinges und der gesamten Natur notwendig vorwärts.

Hier wird die **Klassenkampftheorie** des HISTOMAT zum ewig gültigen Seinsgesetz erhoben.

d) **Gesetz der Negation der Negation:** So wie der Sozialismus als Negation auf höherer Ebene zum Feudalismus zurückkehrt (HISTOMAT), so sollen auch die Entwicklungsstationen aller anderen Dinge immer wieder qualitativ höhere Entsprechungen aufweisen. (Die tatsächliche Entwicklung der Dinge läßt jedoch eine solche Ableitung nicht zu.)

Schlußbetrachtung: Die Dialektik des Leninismus-Marxismus enthält sicherlich viel Richtiges. Jedoch ist alles nicht so durchgängig unkompliziert, wie es der DIAMAT haben möchte. So sind die Gegensätze in den Dingen gar nicht die einzigen treibenden Kräfte der Bewegung. Der DIAMAT vereinfacht und verallgemeinert in unerträglicher Weise.

X. Der Mensch

Diese Vorlesung wird der marxistisch-leninistischen *Lehre vom Menschen* — also der marxistisch-leninistischen Anthropologie gewidmet sein.

Dieser Teil des DIAMATS hat die Überschrift „Materie und Bewußtsein". Wir werden auch einige Lehren über den Menschen der sogenannten *subjektiven Dialektik* und auch dem HISTOMAT entnehmen.

Anthropologie

Die diamatische Anthropologie ist sicher der Teil des Marxismus-Leninismus, über den die Nicht-Kommunisten am wenigsten informiert sind. Gleichzeitig ist diese Lehre seit 1950 recht verworren und schwer verständlich. Sie ist jedoch eine der zentralen Lehren des Kommunismus und ihr Verständnis ist für jeden wichtig, der am Kommunismus interessiert ist.

Das grundlegende Mißverständnis in unserem Gebiet besteht in dem Glauben, der Marxismus-Leninismus sei ein einfacher Materialismus. Demnach muß er den Menschen als ein Tier auffassen und den Geist leugnen. Beides aber ist falsch.

Wir haben schon gesehen, daß der Marxismus-Leninismus einen Sprung zwischen Mensch und Tier sieht, daß er ihn also nicht als ein Tier — nicht einmal als ein höheres Tier — auffaßt.

Ganz falsch ist es auch, wenn man sagt, er leugnet den Geist. Das hat der Marxismus-Leninismus nie getan. Im Gegenteil, er *behauptet*, den Geist im Menschen mit großer Energie gegen die sogenannten Vulgärmaterialisten. Es gibt nach ihm einen Geist im Menschen. Dieser Geist ist nicht Materie: Er besitzt keine einzige Eigenschaft des Körpers. Er ist Geist und nichts anderes. Das kann man in jedem kommunistischen Handbuch lesen und es ist merkwürdig, daß so viele Leute, die über den Marxismus-Leninismus sprechen oder sogar schreiben, das nicht bemerkt haben.

Anerkennung des immateriellen Geistes

Worin besteht nun der Materialismus im Kommunismus, wenn er den Geist so kategorisch anerkennt?

Die Antwort lautet, daß die Marxisten-Leninisten unter Materialismus einerseits Behauptungen verstehen, die mit dem Materialismus, wie wir ihn auffassen, überhaupt nichts zu tun haben. Etwa den *Realismus* und den *Atheismus.* Darüber hinaus *sind* sie jedoch auch Materialisten im *echten,* obwohl in mancher Hinsicht abgeschwächtem Sinne.

Der *marxistisch-leninistische Materialismus* besteht in folgenden Behauptungen:

Erstens, daß es keine Seele gibt; zweitens, daß das Bewußtsein ein Produkt der Materie ist; drittens, daß sein Inhalt eine Widerspiegelung der Materie ist. Darin und nur darin besteht der Materialismus dieser Materialisten.

keine Seele, Körper alleiniger Träger des Geistes

Betrachten wir etwas näher, was damit gemeint ist. Zuerst wird also gesagt, daß es *keine Seele* gibt. Das wird so formuliert: Das Bewußtsein ist keine Eigenschaft der Seele, sondern des Körpers des Menschen. Es gibt also Bewußtein, aber dieses Bewußtsein haftet nicht an einem geistigen Ding, einer Seele, sondern am Körper, der der alleinige Träger des Geistes ist. Was bedeutet das?

Es ist eine Stellungnahme gegen eine noch heute weitverbreitete platonisch-kartesianische Sicht des Menschen und für die aristotelisch-hegelianische Auffassung des menschlichen Wesens.

Plato
Descartes

Nach *Plato* und *Descartes* besteht der Mensch aus zwei Dingen:

Mensch: Körper und Seele

Einem Körper und einer Seele. Alles, was geistig ist, etwa Bewußtsein, Denken, usw. ist ein Vorgang in der Seele, die vom Körper getrennt ist, obwohl sie in ihm wohnt. *Descartes* glaubte sogar gefunden zu haben, an welcher Stelle des Gehirns sie sitzt. Diese Sicht des Menschen wird nun durch den Dialektischen Materialismus entschieden verworfen.

Aristoteles
Hegel

Th. v. Aquin

Er vertritt die *aristotelisch-hegelianische* Sicht. Diese beiden Denker betrachten den Menschen als eine Einheit, als *ein* Ding. Ein großer Arsitoteliker, *Thomas von Aquin*, sagte einmal:

„Es ist nicht der Körper, der verdaut, und nicht die Seele, die denkt — sondern beides tut der Mensch.“

Mensch: eine einzige Substanz

Der Mensch ist nicht die Zusammensetzung von zwei verschiedenen Dingen, von zwei Substanzen, sondern ein einziges Ding, eine einzige Substanz.

Aristoteles dachte sich den Aufbau des Menschen etwa so:

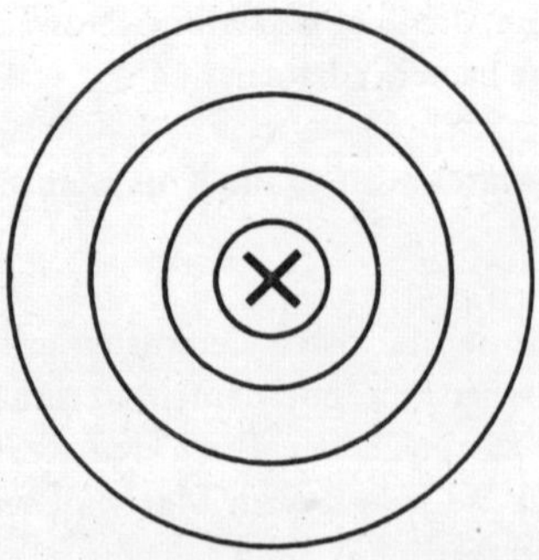

Im Zentrum befindet sich ein unbestimmter Träger, eine „erste Materie", wie er ihn nannte. Um diesen Träger bilden sich verschiedene Inhalte, „morphai". Diese Inhalte sind zuerst rein materiell, dann pflanzlich, weiter tierisches Bewußtsein, endlich geistiges Bewußtsein. Aber alle diese Inhalte sind Eigenschaften desselben Ganzen.

Der DIAMAT übernimmt nun diese Lehre mit einem Unterschied: Anstelle des unbestimmten Trägers hat er im Zentrum die Materie, etwas Körperliches. Das ist nicht sehr logisch, weil die Materie selbst doch schon durch einen Inhalt gekennzeichnet ist. *Aristoteles* hat diese Lehre besser dargestellt. Das ist jedoch Nebensache.

DIAMAT: Mensch, eine Einheit

Wichtig ist nur das Verständnis der Grundthese: Der DIAMAT behauptet die Einheit des Menschen gegen die Platoniker und gegen die Kartesianer. Das ist der erste Sinn, in welchem der DIAMAT ein Materialismus ist. Jedoch ist das, wie man sagen muß, ein ziemlich abgeschwächter Materialismus, den man z. B. eher in der scholastischen Philosophie, also bei den Christen finden könnte.

Bewußtsein: Produkt und Funktion der Materie

Der zweite Sinn, in welchem diese Lehre materialistisch ist, besteht darin, daß sie behauptet, das Bewußtsein — also der Geist — sei ein *Produkt* der Materie. Die dazugehörige Lehre ist wie gewöhnlich sehr verschwommen: Man sagt nicht nur, das Bewußtsein sei ein *Produkt* der Materie, sondern man behauptet auch, daß es eine *Funktion* der Materie sei, also etwas ganz anderes. Die Funktion der Räder einer Lokomotive besteht darin, daß sie sich drehen, aber niemand wird dieses Sich-Drehen ein „Produkt der Räder" nennen.

Materie fundamental — Geist sekundär

Aber hier, wie auch im Hinblick auf das Weltall, behauptet der DIAMAT, daß die Materie das Grundlegende, das Fundamentale ist, der Geist aber das Sekundäre, das Abgeleitete. Nicht ganz klar ist, was man hier unter „Materie" verstehen soll. — Handelt es sich um den Körper des Einzelmenschen oder vielmehr um die Natur als Ganzes?

Bewußtsein: Widerspiegelung der Materie

Der dritte Sinn des *Materialismus,* der darin besteht, daß das Bewußtsein als eine Widerspiegelung der Materie aufgefaßt wird, soll später behandelt werden. Hier möchte ich nur bemerken, daß 1950 etwas für den Dialektischen Materialismus sehr Unangenehmes in der sowjetischen Psychologie passiert ist. Damals hat sich nämlich gegen die dialektische Psychologie, die wir gerade beschrieben haben, der alte vorrevolutionäre, russische Vulgärmaterialismus durchgesetzt — und zwar in der Gestalt der Lehre des berühmten Physiologen *Pawlow.*

Pawlows Vulgärmaterialismus

Nach Pawlow ist das Bewußtsein von den physiologischen Prozessen nicht unterschieden; es sind nicht zwei Prozesse, sondern ein einziger. Außerdem lehrte Pawlow, daß der Mensch eine bloße Maschine sei.

Das ist selbstverständlich mit der Dialektik unvereinbar, denn damit wird ein wesentlicher Sprung geleugnet. Dennoch wurde die Lehre Pawlows damals allen Psychologen in der Sowjetunion aufgezwungen. Seither herrscht in der marxistisch-leninistischen Auffassung vom Menschen ein Zwiespalt: Einerseits behauptet man, daß es Geist gibt und daß die Psychologie eine besondere Wissenschaft ist — andererseits wird jeder Unterschied zwischen dem Geist und den Vorgängen in den Nerven negiert.

Rubinstein

Dabei kam man zu einer recht peinlichen Folgerung: Der führende sowjetische Psychologe *L. S. Rubinstein* mußte sich auf Befehl zum Pawlowismus bekehren und hat es auch so intelligent getan, daß ich nicht umhin kann — wenn ich nicht annehme, daß er sich auch innerlich wirklich bekehrt hat — sein gesamtes Lebenswerk damit zu verurteilen. So etwas kommt vor und muß wohl auch in totalitären Ländern immer wieder vorkommen.

So also sieht der Aufbau des Menschen nach dem Marxismus-Leninismus aus: Es gibt Geist, aber dieser Geist ist nur eine Eigenschaft und ein Produkt der Materie. Er wird von der Materie getragen und durch sie verursacht.

Dazu kommt die soziale Dimension des menschlichen Wesens. Nach dem Marxismus-Leninismus ist der Mensch in folgender Weise entstanden:

Er hat begonnen, materielle Güter zu erzeugen, ein Charakteristikum, durch welches er sich vom Tier unterscheidet. Die Produktion aber ist immer gesellschaftlich; ein isolierter Mensch kann nach dem HISTOMAT nichts produzieren. Um nun gemeinsam arbeiten zu können, mußten die Menschen sich untereinander verständigen; so entstand die Sprache. Die Bildung der Sprache führte aber zur Entwicklung des geistigen Bewußtseins.

Das Soziale ist konstituierend

Das Soziale im Menschen wird im Marxismus-Leninismus als so grundlegend aufgefaßt, daß man statt „geistig" oft einfach „sozial" sagt. Es soll nach der biologischen Stufe im Weltall noch eine weitere, höchste geben und diese ist nicht etwa die psychische, sondern die soziale. Das Soziale ist für den Menschen konstituierend.

Wir werden nun das geistige Leben des Menschen etwas näher betrachten: Erstens sein *Erkennen,* zweitens sein *Werten* und drittens seine *Haltung* den sogenannten existenziellen Problemen, den Grenzproblemen gegenüber.

Erkenntnis = Kopie der Außenwelt

Was die Erkenntnis betrifft, so haben wir schon von *einer* Lehre des Marxismus-Leninismus gesprochen, von seinem Realismus: Die menschliche Erkenntnis soll eine reine Widerspiegelung — eine Kopie, eine Photographie, sagte Lenin — der Außenwelt sein. Es ist dies, wie wir gesagt haben, die *extrem* realistische These. Die Kommunisten gehen darin sogar soweit, daß sie behaupten, das Auge bilde die gegenseitige Lage der Gegenstände im Raume getreu ab — was ganz offenbar nicht der Fall ist.

Mit dieser Lehre von der Erkenntnis hängt auch die diamatische Lehre von der *Wahrheit* zusammen. Sie ist völlig undialektisch, materialistisch, was soviel heißen will wie aristotelisch.

absolute Wahrheiten

Es wird nämlich behauptet, daß es *absolute* Wahrheiten — absolut wahre Erkenntnisse — gibt und zwar in jedem Gebiet der Wissenschaft. Das bedeutet wieder, daß wir in jedem Gebiet der Wissenschaft Sätze kennen, die durch den weiteren Fortschritt der Erkenntnis nie überholt werden können, demnach endgültige, für ewig geltende Erkenntnisse sind. Der DIAMAT selbst soll ein solcher Inbegriff absoluter Wahrheiten sein.

relative Wahrheiten = Teilerkenntnisse

Gleichzeitig behauptet man aber, daß es auch *relative* Wahrheiten gibt. Darunter versteht man aber nicht unsichere Wahrheiten, sondern *partielle* Erkenntnisse, Sätze, die die Wirklichkeit nur teilweise, wenn auch richtig widerspiegeln.

Man denke dabei an die indische Fabel von den fünf Blinden, die einen Elefanten abgetastet hatten und der eine sagte, er sei wie ein Baum — er hatte die Füße berührt — ein zweiter, daß er eine Schlange sei — er hatte den Rüssel ertastet, usw. Alles das ist wahr und zwar endgültig, also absolut wahr — jedoch nur partiell, nicht erschöpfend.

Vollständige Erkenntnis aus Teilerkenntnissen

Deshalb kann auch gesagt werden, daß die absolute Wahrheit aus relativen Wahrheiten besteht, besser noch, daß die vollständige Erkenntnis aus Teilerkenntnissen besteht.

Dieser wesentliche Zug des DIAMATS wird von den Nicht-Kommunisten oft mißverstanden. Da man im DIAMAT soviel von der *Dialektik* spricht, meinen sie, diese Lehre würde keine absolute Wahrheit anerkennen. Ganz im Gegenteil. Es gibt wenig Philosophen, die die Absolutheit der Wahrheit mit solcher Bestimmtheit behaupten, wie das der DIAMAT tut.

Lehre von der Parteilichkeit

Der Gedanke von der Absolutheit der Wahrheit ist jedoch im Marxismus-Leninismus mit der *Lehre von der Parteilichkeit* verbunden. Solange es Klassen gibt, ist, wie wir schon wissen, das gesamte Gebiet des Geistig-Sozialen klassengebunden. Jede Klasse hat ihre eigene Form des gesellschaftlichen Bewußtseins. Dazu gehören z. B. alle Sozialwissenschaften, die gesamte Philosophie, usw. In all diesen Gebieten ist es nach dem Marxismus-Leninismus unmöglich, daß die Mitglieder der einen antagonistischen Klasse dieselbe Meinung haben wie die Mitglieder einer anderen. Zum Beispiel muß die Nationalökonomie der Proletarier von jener der Bürgerlichen ganz verschieden sein. Dasselbe gilt von der Philosophie.

Dazu kommt, daß ein Mitglied einer Klasse zwischen derartig gegensätzlichen Meinungen nicht neutral bleiben kann. Es muß parteilich sein und ist auch parteilich. „Parteilose Menschen sind in der Philosophie ebenso dumm wie in der Politik", sagte einmal Lenin. Denn die gesellschaftlichen Bewußtseinsformen sind ja die Waffen des Klassenkampfes.

Daraus müßte an und für sich folgen, daß es in einer Klassengesellschaft überhaupt keinen Zugang zu einer echten Erkenntnis geben kann. Jede Klasse hält nicht etwa das für wahr, was der Wirklichkeit entspricht, sondern das, was ihr im Klassenkampf nützlich ist. Zum Beispiel wird sich ein Proletarier an die Lehre von den dialektischen Sprüngen nicht deshalb halten, weil sie wahr ist, sondern weil sie dem revolutionären Gedanken nützlich ist.

Die Marxisten-Leninisten versuchen, diesen schroffen Widerspruch in zweifacher Weise zu mildern.

Zuerst — und zwar seit dem Eingriff Stalins 1950 — sagen sie, daß die Parteilichkeit sich nicht auf rein wissenschaftliche Teile der Naturwissenschaft erstreckt. Es ist heute nicht mehr nötig, in der Mathematik, in der Mineralogie oder sogar in der Botanik parteilich zu sein. Man unterscheidet also im sozial-geistigen Gebiet ein *parteiliches Element* — es wird „Ideologie" genannt — und ein *unparteiliches, allgemein menschliches.*

Diesen großen Fortschritt verdanken die Kommunisten *Stalin,* denn früher gab es sogar eine proletarische Mathematik und vor allem eine proletarische Biologie, wie man aus dem Fall *Lyssenko* lernen konnte.

Lyssenko

Dann aber wird gesagt, daß es zwei Arten der Parteilichkeit gibt: *eine gute und eine schlechte.*

gute Parteilichkeit

Die gute Parteilichkeit ist jene der fortschrittlichen Klasse; z. B. ist die Parteilichkeit des Bürgertums zur Zeit der Renaissance eine gute, da, was dem Bürgertum damals nützlich war, auch der Wirklichkeit entsprach; heute aber, wo das Bürgertum eine reaktionäre, absterbende Klasse ist, muß ihre Parteilichkeit falsch sein.

Die Parteilichkeit des Proletariats ist heute die gute — und deshalb ist auch der Marxismus-Leninismus, die Philosophie dieses Proletariats, nicht nur dem Proletariat nützlich, sondern auch absolut wahr.

Folgender Gedankengang liegt hier zugrunde: Wenn der Marxismus-Leninismus wahr ist, dann ist das *Proletariat* die fortschrittliche Klasse; ist es aber die fortschrittliche Klasse, dann ist der *Marxismus-Leninismus* wahr. Wir haben es mit einem geschlossenen Kreis zu tun. Diese Lehre darf wohl als größter Skandal des Marxismus-Leninismus bezeichnet werden.

Dieselbe Parteilichkeit gilt auch im Gebiet der *Werte,* also im Gebiet der *Moral,* der *Kunst* und der *Religion.* Solange es Klassen gibt, kann es keine allgemeine menschliche Moral oder Kunst geben, vielmehr hat jede antagonistische Klasse ihre eigene.

Diese geistigen Güter werden alle als Waffen gedacht. So besteht der Sinn der Kunst darin, daß sie dem Proletarier zum Kampf gegen das Bürgertum und danach zum Kampf für die Industrialisierung aufmuntert.

Daraus ergibt sich, wenigstens was die Moral betrifft, ein durchgehender Relativismus. Wir haben ihn schon einmal besprochen und bemerkt, daß es in der kommunistischen Moral einen unbedingten Wert gibt, den Wert des Fortschritts zum Kommunismus; alles andere wird im Hinblick auf diesen Wert relativiert.

unbedingter Grundwert: Fortschritt zum Kommunismus

Hier wirkt sich jedoch die Verquickung des Hegelianismus mit dem Aristotelismus verhängnisvoll aus. Denn, obwohl die Marxisten-Leninisten im genannten Sinne Relativisten sind, behaupten sie die Existenz absoluter, ewiger Werte. So glorifizieren sie den Aufstand von *Spartakus*, obwohl dieser dem Fortschritt der Menschheit eher schädlich war — die fortschrittliche Klasse war ja damals die der Sklavenhalter. Offenbar tun sie es deshalb, weil sie den Kampf gegen die Ausbeutung zu jeder Zeit gut heißen, also für einen absoluten Wert halten, wozu sie eigentlich kein Recht haben. Heute wird das Bestehen einiger absoluter moralischer Werte auch theoretisch behauptet — in einer höchst unlogischen Weise.

Spartakus

Die *Religion* nimmt in dieser Lehre eine besondere Stellung ein. Sie wurde immer als eine Art falscher Wissenschaft aufgefaßt und schon aus diesem Grunde muß sie mit dem Fortschritt der Menschheit verschwinden. Gleichzeitig gehört die Religion aber zum Überbau der Ausbeutergesellschaft. Wie Lenin es einmal prägnant ausgedrückt hat, braucht jede Ausbeuterklasse zwei Beamte: Einen Henker, der die Revolutionäre bestraft und einen Priester, der den Ausgebeuteten rät, keine Revolutionen anzustreben: Das Leben sei vergänglich, er soll an das Jenseits denken. So gesehen, ist *jede* Religion „geistiger Fusel" zur Betäubung der Ausgebeuteten. Sie muß mit dem aufkommenden Sozialismus vollständig verschwinden.

Religion: geistiger Fusel

Es sei noch bemerkt, daß die Verurteilung der Religion einer der tiefsten Züge des Marxismus-Leninismus ist. Viele Gründe wirken hier zusammen: Der atheistische Humanismus, die Aufklärung und die jetzt genannte Lehre vom „Fusel" oder, wie *Marx* sagte, vom Opium des Volkes. Auch historische Tatsachen sind die Ursache, daß die Negation der Religion vielleicht das letzte ist, was der Kommunist hinter sich läßt, wenn er sich vom Marxismus-Leninismus abwendet. Diese Negation ist ein Grundpfeiler der gesamten Lehre.

Negation der Religion: ein Grundpfeiler

Das hängt damit zusammen, daß jede *echte* Religion in ihrem Wesen eine Antwort auf die sogenannten existenziellen Fragen des Menschen ist — etwa die Frage nach dem Sinn des Lebens, nach dem Tod und dem Leiden. Der Kommunist ist aber — und das ist wieder einer seiner grundlegenden Züge — solchen Fragen vollständig abgeneigt: Er hat für sie überhaupt kein Verständnis, sie werden für „leer" gehalten. Fragt man nach dem Sinn persönlichen Leidens und Sterbens, so antworten die Marxisten-Leninisten, daß mit der Ankunft des Kommunismus alles gelöst sein wird. Dies ist keine Antwort, da das Individuum unterdessen sterben muß.

Kommunismus: antiexistentiell

Damit haben wir das dritte, wesentliche Prinzip der marxistisch-leninistischen Lehre vom Menschen gekennzeichnet. Der Kommunismus ist materialistisch, sozial und antiexistenziell. Für den Einzelmenschen und seine brennenden Fragen hat der Marxismus-Leninismus kein Interesse.

Freilich wird heute, vor allem in den europäischen kommunistischen Ländern und bei den westlichen Kommunisten viel über das *Existenzielle* geschrieben. Das sind jedoch Abweichungen, Revisionismus, wie man sagt. Der echte, *orthodoxe* Marxismus-Leninismus hat damit überhaupt nichts zu schaffen.

Zentrum des Marxismus-Leninismus: das Absolute

Er ist eine Lehre, in welcher nicht der Einzelmensch, sondern das Absolute, die ewige, unendliche Natur im Zentrum steht — eine Art Gott, der in der Menschheit zum Bewußtsein kommt. Es wurde einmal ganz richtig gesagt, daß wir, wenn wir den Kommunisten von den Menschenrechten sprechen, von ihnen ausgelacht werden, denn sie stehen für die Rechte des Unendlichen ein, angesichts welcher der Einzelmensch jede Bedeutung verliert.

Zusammenfassung zum Kapitel X:

DER MENSCH

Dialektik

1. Die dialektischen Gesetze der Natur (siehe vorheriges Kapitel).

2. **Die Lehre vom Menschen („Materie und Bewußtsein"), Anthropologie.**

   Zentrale Lehre, seit 1950 recht verworren.

   a) **Es gibt keine Seele,** dennoch **Anerkennung des nichtmateriellen Geistes** (kein Vulgärmaterialismus). Großer Sprung zwischen Tier und Mensch. Gegen Zweiheit von Körper und Seele (Plato, Descartes), für Einheit von **Körper und Geist = ein Ding** (Aristoteles, T. v. Aquin, Hegel). Alleiniger Träger des Geistes, des Bewußtseins, ist der Körper (gemäßigter Materialismus).

   b) **Das Bewußtsein ist ein Produkt der Materie** und zugleich auch etwas ganz anderes: eine Funktion der Materie. Dabei ist nicht klar, ob Materie der menschliche Körper oder die Natur als Ganzes bedeutet.

      (1950 Rückfall in Pawlows vorrevolutionären Vulgärmaterialismus, seither Zwiespalt).

   c) **Das Bewußtsein ist eine Widerspiegelung der Materie:** Menschliche Erkenntnis ist eine Kopie, Fotografie der Außenwelt (Lenin). **Absolute Wahrheiten** können durch den weiteren Fortschritt nie überholt werden, z. B. der DIAMAT.

      Relative Wahrheiten sind partielle Erkenntnisse. Letztlich besteht die vollständige Erkenntnis, die absolute Wahrheit, aus Teilerkenntnissen. Die absolute Wahrheit ist jedoch gebunden an die

3. **Lehre von der Parteilichkeit**

   Jede Klasse hat ihre eigene Form gesellschaftlichen Bewußtseins. Daher ist das Geistige, das Soziale, vorerst klassengebunden. Das Klassenmitglied kann nie neutral bleiben, da ja die gesellschaftlichen Bewußtseinsformen die Waffen für den Klassenkampf sind. Letztlich ist also **keine absolute Wahrheit möglich,** weil sie stets am Nutzeffekt des Klassenkampfes orientiert bleiben muß. Erst Stalin selbst hat den Unterschied zwischen parteilicher Ideologie (sozial-geistiger Bereich) und unparteilicher, allgemein menschlicher Erkenntnis (reine Naturwissenschaften) zugelassen.

a) **Schlechte Parteilichkeit,** jene der absterbenden Klassen (heute die falsche Parteilichkeit des einst revolutionären Bürgertums).

b) **Gute Parteilichkeit,** jene der fortschrittlichen Klasse, z. B. die des Proletariats. Deshalb ist der Marxismus-Leninismus nicht nur dem Proletariat nützlich, er ist auch absolut wahr.

4. **Negation der Religion**

Solange es antagonistische Klassen gibt, kann es auch keine allgemein menschliche Moral geben, da jede antagonistische Klasse ihre absolute Wahrheit besitzt (durchgehender Relativismus). So ist auch die auf ein Jenseits gerichtete Religion, zum Überbau der Ausbeutergesellschaft gehörig, ein „Opium“ (Marx), ein „geistiger Fusel“ (Lenin) zur Betäubung der Ausgebeuteten.

Die Negation der Religion ist ein Grundpfeiler der gesamten Lehre. Für den Kommunisten sind Fragen nach dem Sinn des Lebens, des persönlichen Leidens und Sterbens „leere“ Begriffe. Für ihn wird mit der Verwirklichung des Kommunismus alles gelöst sein (obwohl er vorher sterben muß).

Schlußbetrachtung: Für den Einzelmenschen und seine brennenden Fragen hat der Marxismus-Leninismus kein Interesse. Einziger moralischer Wert ist der Fortschritt zum Kommunismus, alles andere wird an diesem Wert orientiert. Einzige absolute Wahrheit ist der Marxismus-Leninismus mit einer unglaubwürdigen Begründung: Wenn der Marxismus-Leninismus wahr ist, dann ist das Proletariat die fortschrittlichere Klasse; ist es aber die fortschrittliche Klasse, dann ist der Marxismus-Leninimus wahr.

XI. Die Partei

Nach langem Wandern durch abstrakte Gebiete des Historischen und Dialektischen Materialismus, kehren wir in dieser Vorlesung zum dritten Teil des Marxismus-Leninismus zurück, zum „wissenschaftlichen Sozialismus". Ich möchte heute die *Lehre von der Partei* und von ihrem Wirken behandeln.

Lehre von der Partei

In diesem Zusammenhang sei nochmals daran erinnert, daß der Kommunismus aus zwei eng miteinander verbundenen Elementen besteht: der *Ideologie* und der *Partei.* Ein Kommunist zu sein, bedeutet nicht nur die Ideologie als wahr anerkennen und nicht nur ein Mitglied der kommunistischen Organisationen sein, sondern *beides.* Die *Ideologie* und die *Organisation* bedingen sich gegenseitig so eng, daß die eine ohne die andere überhaupt nicht denkbar ist.

Das sieht im einzelnen so aus. Die Ideologie schreibt der Organisation, also der Partei, zuerst die *Ziele* vor. Denn die Kommunistische Partei ist, wie ich schon einmal die Gelegenheit zu sagen hatte, eine Ideologie in Aktion. Sie wurde begründet, besteht und handelt ausschließlich in der Absicht, diese Ideologie samt ihren Konsequenzen der ganzen Menschheit aufzuzwingen.

Partei = Ideologie in Aktion

Die Ideologie ist das *Wofür* der Partei.

Aber die Ideologie ist für die Partei nicht nur das. Sie schreibt ihr neben den Zielen auch die *Methoden* des Handelns, die allgemeinen Regeln der revolutionären Politik vor. Sie bestimmt — freilich nur im allgemeinen — nicht nur, *was* die Partei anstreben soll, sondern auch das Wie.

Ideologie = das Wofür der Partei

Sie schreibt auch der Partei ihre eigene Struktur vor. Die Ideologie enthält nämlich, und zwar als ein ganz wesentliches Kapitel, die *Lehre von der Marxistisch-Leninistischen Partei,* von ihrem Aufbau, ihrer inneren Organisation. Sie bestimmt also nicht nur die Ziele und die Methoden des Handelns der Partei, sondern auch ihre *eigene Natur.* Kein Wunder, daß der zwanzigste Parteitag vom Zentralkomitee der sowjetischen Partei verlangte, die Reinheit des Marxismus-Leninismus wie seinen Augapfel zu hüten.

Denn die Ideologie ist für die Partei von sehr großer, entscheidender Bedeutung. Es kann keine Kommunistische Partei ohne Ideologie geben.

Aber auch die Umkehrung dieses Satzes ist wahr: Es kann keine kommunistische Ideologie, keinen reinen Marxismus-Leninismus ohne eine Kommunistische Partei geben.

Denn die Partei ist der alleinige Träger und Hüter der Ideologie. Sie ist zuerst ihr Träger, indem sie sich zur Aufgabe macht, nicht nur alle Menschen auf der Erde nach den Geboten des Marxismus-Leninismus leben zu lassen, sondern und vor allem, alle Menschen zu dieser Ideologie zu bekehren, aus ihnen gläubige Marxisten-Leninisten zu machen. Wir haben zu Beginn unserer Reihe gesehen, welche ungeheueren Anstrengungen überall die Partei auf allen Gebieten unternimmt, um dieses Ziel zu verwirklichen.

Partei: letzte unfehlbare Instanz

Neben dieser Funktion, Träger und Apostel des Marxismus-Leninismus zu sein, spielt die Partei in diesem Zusammenhang noch eine andere Rolle: Sie ist nämlich die letzte und, wie es scheint, *unfehlbare Autorität,* wenn es sich um die wahre Deutung der Ideologie handelt.

Es besteht hier eine enge Analogie zwischen dem Kommunismus und den großen Kirchen, vor allem der katholischen: Die Partei spielt nämlich eine ähnliche Rolle wie die Kirche, soweit es sich um die Pflege, die Verbreitung und die authentische Deutung des Glaubens handelt.

Das also lehrt der *Marxismus-Leninismus* über die Beziehungen zwischen ihm selbst und der *Marxistisch-Leninistischen Partei.* Wir wollen nun sehen, wie er die Partei auffaßt und dann, was er ihr als Methode der Welteroberung und Weltumformung verschreibt.

Man kann die marxistisch-leninistische Auffassung der Partei in vier Hauptpunkte zusammenfassen: Die Partei ist eine *kleine Elite,* sie ist eine *führende Elite,* sie besteht aus *beruflichen* Revolutionären und sie ist *militärisch* organisiert.

Partei: kleine Elite

Die Kommunistische Partei ist also, nach dem Marxismus-Leninismus, eine *kleine Elite* des Proletariats. Sie besteht theoretisch aus den besten, aus den am meisten klassenbewußten Mitgliedern des Proletariats. Daß fast jede Kommunistische Partei tatsächlich vor allem aus Intellektuellen besteht, macht dem Marxismus-Leninismus keine Schwierigkeit. Er kennt nämlich die Intellektuellen nicht als eine besondere Klasse an. Sie soll eher eine „schwebende Schicht" sein, deren Mitglieder entweder zum Proletariat oder zum Bürgertum gehören, je nach ihren Überzeugungen und nach ihrem Verhalten. Dies ist selbstverständlich, vom soziologischen Standpunkt aus, eine ganz unhaltbare Auffassung, denn die Intellektuellen, und unter ihnen ganz besonders die Staats- und Parteibeamten, bilden ganz offenbar eine von den anderen

neue Klasse, Djilas

Menschengruppen scharf unterschiedene Klasse — die „neue Klasse" — wie sie *Djilas* nannte. Aber so wird im Marxismus-Leninismus gelehrt: Die Partei besteht aus den besten Proletariern, sie ist die Elite des Proletariats.

Und zwar sollte sie nach Lenin eine *ganz kleine* Elite sein. In manchen Ländern, so vor allem in den durch die Partei eroberten Ländern, aber auch anderswo, wie in Italien zum Beispiel oder in Indonesien — ist sie relativ groß geworden, sie zählt manchmal etliche Millionen Mitglieder. Trotz allem bleibt sie immer eine Minderheit, nicht nur im Lande, sondern auch im Proletariat.

Das ist das erste Kennzeichen der Partei. Das zweite ist, daß sie im Proletariat *führend* ist. Sie ist der Vortrupp, die Avantgarde, der Generalstab, aber auch das Bewußtsein und das Gewissen des Proletariats. Sie verkörpert das Wissen und den Willen des Proletariats und zwar so sehr, daß sie sich mit ihm identifiziert: Alles, was zugunsten der Partei getan wird, gilt als Leistung für das Proletariat und jeder, der gegen die Partei ist, ist ein Feind des Proletariats.

Partei: führende Elite

Soviel wird ausdrücklich und direkt gesagt. Weniger direkt, aber doch eindeutig ist in den Schriften Lenins und seiner Nachfolger noch etwas anderes ausgesprochen: Das Proletariat ist ohne Partei nicht fähig, sein eigenes Interesse, seinen Willen, zu verstehen. Das *Proletariat ist viel zu dumm dafür.* Man hofft zwar, es einmal zum vollen Bewußtsein erziehen zu können, aber bis dahin denkt die Partei für das Proletariat.

Partei denkt für das Proletariat

Das folgende Beispiel wird den Sinn dieser Lehre vielleicht klarer machen. Wie bekannt, erlaubt die *Partei* in den durch sie besetzten Ländern überhaupt *keine* Wahlen, auch nicht unter den Proletariern. Es gibt nur eine einzige Liste, und alle stimmen für diese Liste — normalerweise erhält sie mehr als neunundneunzig Prozent der Stimmen. Die Partei herrscht also in diesen Ländern ohne jede demokratische Kontrolle. Und doch nennt die Partei gerade diese Verfassung „demokratisch".

So nennt sie die sowjetische Einflußzone in Deutschland „Deutsche Demokratische Republik" — dagegen soll die Bundesrepublik keine demokratische Verfassung haben, obwohl man in ihr echte Wahlen durchführt. Wie ist das möglich? — Fragt man nun einen Kommunisten um Erklärung, dann wird er praktisch immer — wenn er sich im Marxismus-Leninismus auskennt — etwa wie folgt antworten:

Was ist Demokratie? — Sie ist eine Verfassung, in welcher der Wille des Volkes durchgeführt wird. Wer kennt den Willen des Volkes? — Das Volk, das Proletariat? — Nein, dieses kennt seinen eigenen Willen überhaupt nicht. Die Partei *allein* kennt diesen Willen. Also darf demokratisch nur jenes Land heißen, in welchem die Partei allein herrscht. Also ist die *sowjetische Einflußzone in Deutschland ein demokratischer Staat* — denn dort herrscht tatsächlich eine Kommunistische Partei allein — aber die Bundesrepublik ist kein demokratischer Staat, denn in ihr hat die Kommunistische Partei nichts zu sagen.

Demokratie: dort, wo die Partei herrscht

Dazu kommt noch die Lehre von der sogenannten *formalen Demokratie* — in den bürgerlichen Ländern gilt die Demokratie nur formal, weil tatsächlich die ganze Macht durch die Kapitalisten ausgeübt wird.

formale Demokratie

Es folgt daraus, daß die Partei ein *aristokratisches* Gebilde ist — sie ist die Organisation der Besten des Volkes. Wer ernennt sie, wer entscheidet, daß *sie* gerade die Besten sind, daß sie den Willen des Volkes am besten verstehen?

Antwort: Die Partei selbst. Eine Gruppe von Menschen konstituiert sich als Partei und erklärt, sie vertrete das Volk, ohne es zu befragen. Dann entwickelt sich diese Gruppe und *erneuert sich durch bloße Kooptierung* neuer Mitglieder.

Darin liegt vielleicht eine der größten theoretischen Schwächen des Marxismus-Leninismus: Denn für diesen ungeheueren Anspruch auf ein besseres Wissen und auf das Recht, alles entscheiden zu dürfen, läßt sich überhaupt keine Begründung finden.

Partei: Organisation von Berufsrevolutionären

Wir haben bis jetzt zwei Kennzeichen der Partei gesehen: Sie ist eine kleine und führende Elite. Ein drittes Kennzeichen besteht darin, daß diese Elite aus lauter beruflichen Revolutionären bestehen soll. Wie es Lenin einmal sagte, Kommunisten sollen Menschen sein, die nicht nur freie Abende, sondern ihr ganzes Leben der Revolution widmen. Die *Kommunistische Partei ist eine Organisation von Berufsrevolutionären.*

Freilich entspricht die Praxis nicht immer der Theorie. Die Mitglieder der Partei müssen in allen kommunistischen Ländern hauptamtlich oft *ganz andere* Aufgaben erfüllen als politische. Sie besetzen ja die meisten Schlüsselpositionen in der Industrie, in der Verwaltung, Armee usw. Aber der Marxismus-Leninismus lehrt immer noch, die Partei müsse nur aus Berufsrevolutionären bestehen.

Transmissionen

Es ist auch zu bemerken, daß die kommunistische Organisation außer der Partei im eigentlichen Sinne noch wenigstens zwei Arten von sogenannten „Transmissionen“ oder „Frontorganisationen“ enthält. Die erste Art besteht aus Organisationen, die offiziell der Partei angeschlossen sind und offen unter ihrer Leitung stehen. Das sind zum Beispiel kommunistische Gewerkschaften, Verbände der kommunistischen Jugend und ähnliche.

Frontorganisationen

Die anderen sind Massenorganisationen von Nicht-Kommunisten, die durch die Partei errichtet und durch sie geleitet werden und zwar, um gewisse taktische Ziele der Partei zu erreichen. Eine solche Organisation sind die bekannten *Friedenskongresse.* Es gibt Dutzende solcher Frontorganisationen, in welchen eine große Masse von Nicht-Kommunisten durch einige Mitglieder der Partei geleitet werden. Die gesamte Struktur der kommunistischen Organisationen sieht also etwa so aus:

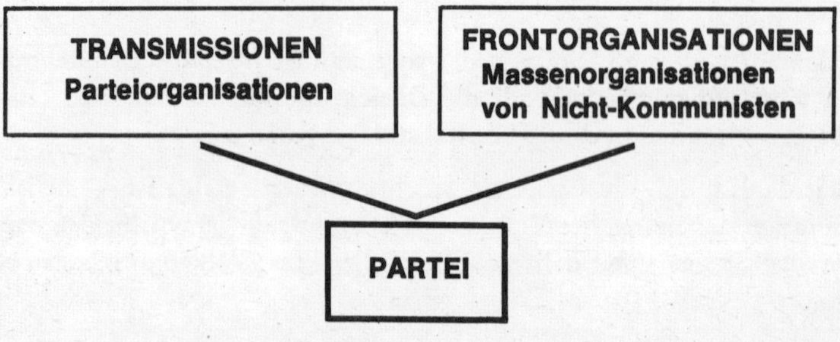

Alle Organisationen außer der Partei selbst sollen den Kontakt mit den Massen erhalten. Und zwar so: Es handelt sich dabei *nicht* um den Willen der Massen, ihn zu *verstehen* und durchzuführen, sondern umgekehrt, den Willen der Partei den Massen mitzuteilen und sie zu leiten. Das erste wäre ganz unleninistisch.

Partei: militärische Organisation

Das vierte Kennzeichen der Partei ist endlich, daß sie *militärisch* organisiert ist. Fachtechnisch heißt diese Organisation „Demokratischer Zentralismus“: alle Parteiorgane, alle ihre Behörden werden durch die Mitglieder gewählt, aber, einmal gewählt, sollen ihnen alle gehorchen und zwar so, daß innerhalb der Partei eine eiserne Disziplin herrscht. Lenin hat einmal gesagt, die Kommunistische Partei sei eine Partei *neuen* Typus. Und tatsächlich kann sie — wegen der genannten straffen Disziplin und des in ihr herrschenden Geistes — *mit keiner demokratischen Partei verglichen werden.*

Das nächste Analogon zur Kommunistischen Partei sind ohne Zweifel die mittelalterlichen Militärorden: Diese waren militärische Organisationen im Dienste eines ausgebauten Glaubens.

Damit sind wir schon zu unserem letzten Betrachtungsgegenstand übergegangen, nämlich zur Art und Weise der Handlung, die der Partei durch den *Marxismus-Leninismus* vorgeschrieben wird.

In dieser Hinsicht enthält der Marxismus-Leninismus zwei Lehren: Jene von der *Strategie und Taktik der Weltrevolution* und jene vom *Aufbau des Sozialismus und des Kommunismus.* Wir werden dem letztgenannten die nächste Vorlesung widmen; heute beschränken wir uns auf eine kurze Charakteristik der marxistisch-leninistischen Strategie und Taktik.

Strategie und Taktik

In der diesbezüglichen Lehre kann man ein zweifaches Element feststellen. Sie enthält nämlich einerseits eine Reihe von allgemeinen Regeln, die für jede Kriegsführung gilt; andererseits schreibt sie besondere Regeln vor, die in den normalen Lehrbüchern der Kriegskunst nicht zu finden sind und ein origineller Beitrag Lenins zu sein scheinen.

einheitliches Handeln überall in der Welt

Was nun das allgemeine Element betrifft, so ist zu sagen, daß wahrscheinlich keine politische Partei so streng und konsequent militärisch gedacht hat wie die kommunistische. Es wird nämlich in ihrer Ideologie praktisch das ganze Instrumentarium des kriegerischen Denkens gelehrt. Zum Beispiel lehrt der Marxismus-Leninismus, daß die Partei, wenn möglich, überall in der Welt — *einheitlich handeln* soll. Zum Beispiel wird in ihm ein großer Nachdruck auf den *Angriff* gelegt: Einen Krieg kann man, wie bekannt, durch bloße Verteidigung nie gewinnen und das weiß der Marxismus-Leninismus sehr wohl.

Zum Beispiel wird gelehrt, daß man *das schwächste Glied* in der Kette der feindlichen Kräfte angreifen soll und weiteres mehr. Vor allem aber lehrt der Marxismus-Leninismus, daß man dabei *dialektisch* vorgehen soll, was hier

Kriegskunst im Dienst der politischen Aktion

einfach heißt, daß man sich nach den Umständen verhalten und nicht stur auf den Prinzipien reiten soll. Insoweit enthält der Marxismus-Leninismus nichts, was einem normal geschulten Offizier unbekannt wäre. Das Neue ist hier freilich, daß diese Prinzipien als Regeln der *politischen* Aktion gelten sollen.

Neu und originell scheinen dagegen gewisse Anwendungen der genannten allgemeinen Regeln der Kriegskunst auf die revolutionäre Tätigkeit zu sein — obwohl der Marxismus-Leninismus in dieser Hinsicht Vorgänger hat, etwa bei den französischen Revolutionären und den russischen Nihilisten.

Clausewitz

Das erste, was hier auffällt, ist eine sehr bedeutende Erweiterung des Begriffes vom Krieg. Bisher pflegte man mit *Clausewitz* zu sagen, daß der Krieg nichts anderes sei als eine durch andere Mittel geführte Politik. Der Marxismus-Leninismus scheint aber umgekehrt zu lehren, *die Politik sei ein durch andere Mittel geführter Krieg*. Das bedeutet, daß die Partei in ihrem Kampf um Machteroberung alle verfügbaren Mittel nach kriegerischen Prinzipien einsetzen soll — etwa diplomatische, wirtschaftliche, geistige und militärische. Dabei ist vielleicht am interessantesten die Tatsache, daß der Marxismus-Leninismus eine wahre Theorie des geistigen Krieges ausgearbeitet zu haben scheint, die den Nicht-Kommunisten bis jetzt fast vollständig fehlt. Ich will damit sagen, daß man die Aktion zur Gewinnung von Menschen, mit Planung, Führung, sorgfältiger Schulung von Truppen, Vorbereitung von Waffen usw., genau wie in einem Krieg führt.

Politik = mit anderen Mitteln geführter Krieg

Theorie des geistigen Krieges

Im einzelnen sehen die wichtigsten Weisungen des Marxismus-Leninismus wie folgt aus:

Zuerst macht er einen scharfen Unterschied zwischen zwei Perioden der Eroberung eines Landes. Wir wollen sie die Periode der *Zersetzung* und die Periode der *Besetzung* nennen. Bei der *ersten* handelt es sich vor allem um eine möglichst weitgehende Zersetzung aller lebendigen Kräfte des betreffenden Landes. Bei der *zweiten* steht der Kampf um die Macht im Zentrum.

Periode der Zersetzung

Was nun die erste Periode betrifft, so soll die Partei so vorgehen, daß die Massen vor allem jedes Vertrauen zu den bestehenden Autoritäten verlieren und möglichst unzufrieden werden. Um dies zu erreichen, ist, gemäß dem allgemeinen Prinzip der leninistischen Moral, alles gut genug. Hier muß man daran erinnern, daß es der Partei nie direkt um die Besserung der Lage der Werktätigen geht, vielmehr ist es in ihrem Interesse, diese Lage wenn möglich, zu verschlechtern. Jede Aktion soll während dieser Periode einem einzigen Ziel untergeordnet werden: die lebendigen Kräfte des zu besetzenden Landes lahmzulegen und, wenn möglich, zu vernichten.

alle Mittel sind erlaubt

Diese Aufgabe wird dadurch kompliziert, daß die Partei auch auf der internationalen Ebene ihren Kampf führt. Es kann deshalb vorkommen, daß sie ein nicht-kommunistisches Land nicht nur nicht schwächen, sondern umgekehrt, stärken muß, um es in diesem internationalen Kampf zu gebrauchen.

Ein klassisches Beispiel dafür ist die bedeutende Hilfe, die die Sowjetunion — der damals einzige marxistisch-leninistische Staat — dem Dritten Reich, gegeben hat, bis sie vom selben Dritten Reich angegriffen worden ist.

Aber das Prinzip bleibt bestehen: In dieser Periode ist die Zersetzung das Ziel.

Was nun die zweite Periode, jene der Besetzung betrifft, so heißt es, daß die Partei vor allem Bündnisse suchen soll und zwar vornehmlich mit drei Kräften: Erstens mit den Bauern, zweitens mit den Kolonialvölkern, drittens mit jenen, die in irgendeinem Lande mit der bestehenden Verfassung unzufrieden sind. Dieses Prinzip gilt freilich schon für die Periode der Zersetzung, weil man schon in ihr jene Kräfte gebrauchen kann, um das Land zu schwächen. Aber es wird vor allem dann wichtig, wenn die Partei den *direkten Kampf um die Macht* beginnt.

Periode der Besetzung

Damit hängt eine interessante Lehre von der *Beschleunigung der Revolutionen* zusammen. An und für sich sollte man in rückständigen Ländern zuerst eine sogenannte national-demokratische, genauer sollte sie „bürgerlich-demokratisch" heißen, Revolution haben, also etwa eine Revolution des französischen Typus. Erst dann dürfte man an eine sozialistische Revolution denken. Es wird aber gesagt, daß, wenn die Partei, obwohl sie in der Minderheit ist, die Führung übernimmt, dann kann die erste Revolution in die zweite „übergehen". Das haben tatsächlich *Lenin* in Rußland und *Mao Tse-tung* in China zustande gebracht.

Beschleunigung der Revolution

Lenin
Mao Tse-tung

Jedenfalls sollte es klar sein, daß überall, wo eine Kommunistische Partei tätig ist, sie um eines einzigen Zieles willen tätig ist: Sie will mit allen möglichen Mitteln die Macht ergreifen — und zwar strebt sie die Machtergreifung nach den Weisungen des Marxismus-Leninismus an, so *wie eine Armee im Felde* ihre Ziele verfolgt.

Der Marxismus-Leninismus spricht immer vom Frieden. Aber dieser Frieden gilt für die Zukunft, für die kommunistische Epoche, wenn es keine Partei mehr geben wird. Solange sie da ist, steht sie, und mit ihr jedes Land und jeder Mensch, im Kriege.

kommunistischer Frieden

Zusammenfassung zum Kapitel XI:

DIE PARTEI

Die kommunistische Partei = eine Ideologie in Aktion. Eine ist ohne die andere nicht denkbar.

1. **Die Ideologie** schreibt der Partei vor: die Ziele, die Methoden des Handelns, die Struktur. Sie bestimmt das **Was** und **Wie** der Partei.

2. **Die Partei** ist der alleinige Träger, Apostel und Hüter der Ideologie. Sie ist letzte, unfehlbare Autorität für die Deutung der Ideologie.

   Sie ist eine **kleine Elite** aus klassenbewußten Mitgliedern des Proletariats, eine „schwebende Schicht" (Gefahr der „neuen Klasse", Djilas). Sie ist eine

   führende Elite: Vortrupp, Avantgarde, Generalstab — Bewußtsein und Gewissen, Wissen und Wille — des Proletariats. Die Partei denkt für das dumme Proletariat, bis es zu vollem gesellschaftlichem Bewußtsein erzogen ist (Lenin). Die Partei allein kennt den wahren Willen des Volkes, daher sind **freie Wahlen indiskutabel.** Also ist paradoxerweise nur dort eine Demokratie vorhanden, wo die Partei — ohne demokratische Kontrolle — herrscht.

   Sie ist notwendig eine **Elite beruflicher Revolutionäre.**

3. Der Partei eng angeschlossen sind **andere Organisationen,** die den Massen den Willen der Partei mitzuteilen und diese zu leiten haben.

   a) **Transmissionen** (kommunistische Jugend, Gewerkschaften u. a.)

   b) **Frontorganisationen** (Massenorganisationen von Nichtkommunisten: Nationale Front, Friedenskongresse u. a.).

Die Partei ist **militärisch organisiert** („demokratischer Zentralismus"). Straffe Disziplin, strenger Gehorsam aller gegenüber den innerhalb der Partei gewählten Organen und Mitgliedern.

Strategie und Taktik der Weltrevolution

1. Die Ideologie lehrt das ganze **Instrumentarium des kriegerischen Denkens.** Dialektisches Vorgehen, d. h. ein Verhalten nach Umständen, nicht stur nach Prinzipien. Neuer Aspekt: Regeln der Kriegskunst **im Dienst der politischen Aktion.**

2. **Anwendung der Kriegskunst auf die Revolution** (französische Revolutionäre — russische Nihilisten — Lenin).

   a) **Erweiterung des Begriffs vom Krieg:** Politik ein durch andere Mittel geführter Krieg (Umkehrung der Definition von Clausewitz). Alle verfügbaren Mittel der Machteroberung werden nach kriegerischen Gesichtspunkten eingesetzt (diplomatische, wirtschaftliche, geistige, militärische u. a.).

   b) **Theorie des geistigen Krieges** zur Gewinnung von Menschen:

      Periode der Zersetzung: möglichst weitgehende Zersetzung aller lebendigen Kräfte des Gegners. Dabei zeitweise auch Stärkung eines nicht-kommunistischen Landes möglich (s. Hilfe für das Dritte Reich).

      Periode der Besetzung: Kampf um die Macht im Zentrum. Bündnis mit den Unzufriedenen (mit den Bauern, mit den Kolonialvölkern).

3. **Lehre von der Beschleunigung der Revolution:** Eine „bürgerlich-demokratische Revolution" kann nach Machtübernahme der kommunistischen Minderheit kurzfristig in die „sozialistische Revolution" übergehen (Lenin in Rußland, Mao in China).

Schlußbetrachtung: Für den ungeheueren Totalitätsanspruch der Partei über das Proletariat läßt sich keine vernünftige Begründung finden. Ihr höchstes Ziel, die militärisch geführte Machtergreifung in **allen** nichtkommunistischen Ländern, steht im krassen Widerspruch zu den permanenten Friedensbeteuerungen der Kommunisten. **Der Friede des Marxismus-Leninismus gilt jedoch nur für die zukünftige partei- und klassenlose Epoche des Kommunismus. Bis dahin steht die Partei letztlich mit jedem nichtkommunistischen Land und mit jedem Nichtkommunisten in permanentem Kriegszustand.**

XII. Der Weg zum Kommunismus

Wir haben in der letzten Vorlesung die Lehre des Marxismus-Leninismus von der Partei und ihrem unmittelbaren Ziel — der *Revolution* — besprochen. De *Partei* ist, wie ich gesagt habe, vor allem auf die Zerstörung der bestehenden Ordnung ausgerichtet. Solange sie noch nicht an der Macht ist, hat sie nur dieses Ziel, und alles wird ihm untergeordnet. Hat sie aber die Revolution schon erfolgreich durchgeführt, hat sie die Macht in einem Lande ergriffen, dann beginnt für sie nach dem Marxismus-Leninismus der *lange und schwierige Weg zum Kommunismus.*

langer, schwieriger Weg zum Kommunismus

Die Theorie, nach der man dieses zweite und endgültige Ziel erreichen soll, heißt heute „Wissenschaftlicher Kommunismus" und bildet den sechsten und letzten Teil des Gebäudes der kommunistischen Ideologie, nach dem Dialektischen und Historischen Materialismus, der Kritik des Kapitalismus, der Nationalökonomie des Sozialismus und der Strategie der Revolution. Zusammen mit dem vierten Teil — der Nationalökonomie des Sozialismus — bildet dieser Wissenschaftliche Kommunismus den am wenigstens ausgearbeiteten Teil des Marxismus-Leninismus, und vieles ist hier noch im Werden. Da ist auch nicht erstaunlich, weil man darüber bei den Klassikern nur ganz kleine Ansätze findet, und bis jetzt war man viel mehr mit dem Umsturz als mit dem Aufbau beschäftigt. Seit einigen Jahren wird aber immer mehr über den *Wissenschaftlichen Kommunismus* geschrieben, und man kann heute wenigstens einen Abriß dieser Lehre geben.

Ganz allgemein besteht dieses Schema darin, daß am Anfang die *sozialistische Revolution* steht — das heißt die Machtübernahme durch die Kommunistische Partei; am Ende der Voll-Kommunismus, die Verwirklichung des *Paradieses auf Erden*, um die Worte von Marx zu gebrauchen.

Vollkommunismus = Paradies auf Erden

Was zwischen diesen beiden Etappen liegt, ist der Weg zum Kommunismus. Marx selbst scheint die betreffende Periode als recht kurz angesehen zu haben: Er glaubte, daß im Augenblick der Revolution die Entwicklung — vor allem jene der Industrialisierung und der Konzentration — so weit fortgeschritten sei, daß es genügen würde, die wenigen noch bleibenden Kapitalisten zu beseitigen. Dann würde sich der Staat schnell auflösen und das Paradies beginnen. Jedenfalls hat Marx zwei Unterperioden unterschieden. Er nennt sie *Sozialismus* und *Kommunismus.*

Sozialismus: eine Leistungsgesellschaft

Der *Sozialismus* soll durch eine Verfassung gekennzeichnet sein, in der die Arbeiter nicht etwa nach Bedürfnissen, sondern nach der *faktischen Leistung* entlohnt werden sollen, nach dem Grundsatz: „Jedem nach seinen Möglichkeiten, jedem nach seiner Leistung." Dieser Grundsatz gilt heute in praktisch allen kommunistischen Staaten.

Kommunismus: eine Überflußgesellschaft

Dagegen soll der *Kommunismus* dem Grundsatz „jeder nach seiner Möglichkeit, jedem nach seinen Bedürfnissen" folgen, also eine Verfassung haben, in der genau jene Worte der *Apostelgeschichte* gelten sollen, die wir am Anfang zitiert haben.

Dann wird z. B. ein Fabrikdirektor, der unverheiratet ist, nur einen Volkswagen erhalten, dagegen ein einfacher Arbeiter, der viele Kinder hat, einen großen Wagen, etwa einen Cadillac — ganz unabhängig von seiner Leistung. Das ist praktisch alles, was Marx zu diesem Problem zu sagen hatte.

In der Folgezeit wurde die Lehre viel komplizierter. Man hat anstatt der zwei Etappen von Marx nicht weniger als vier angenommen. Ein Land kann demgemäß, nach der Revolution,

1. **auf dem Wege zum Sozialismus sein;**
2. **im Sozialismus selbst;**
3. **auf dem Wege zum Kommunismus;**
4. **im Kommunismus sein.**

Die vierte Etappe wird aber wieder in verschiedene Unterperioden eingeteilt, wenigstens in drei. Die Charakteristik dieser vier Perioden kann wie folgt zusammengefaßt werden:

PERIODE	KLASSEN	PARTEIEN	VERFASSUNG
Weg zum Sozialismus	antagonistische	mehrere	Volksdemokratie Diktatur des Proletariats
Sozialismus	nur nicht-antagonistische	nur eine	Sowjetsystem
Weg zum Kommunismus	nicht antagonistische, verschwindend	nur eine	Der Staat fängt an abzusterben
Kommunismus	keine	keine	kein Staat

Wir wollen diese Perioden jetzt einzeln beschreiben. Unmittelbar nach der *Revolution* ist die Situation wie folgt: Die Macht der Ausbeuterklassen wurde gestürzt, aber diese Klassen sind noch vorhanden und verfügen über beachtliche Kräfte. Das Hauptprinzip für diese Periode ist deshalb jenes der *Diktatur des Proletariats.* Diese wird von Lenin als eine Verfassungsform definiert, in welcher die Macht des Proletariats ohne jede Rücksicht auf irgendeine rechtliche oder moralische Regel gegen die Ausbeuterklassen ausgeübt wird. Die Diktatur des Proletariats wird selbstverständlich nicht durch das ganze Proletariat ausgeübt, sondern — gemäß den allgemeinen Grundsätzen des Marxismus-Leninismus — durch die Kommunistische Partei, die das Proletariat vertritt. Die Diktatur des Proletariats ist also die *Diktatur der Kommunistischen Partei.* Sie ist zwar gegen die Ausbeuterklassen gerichtet, da aber der Kampf gegen sie nur durch die Partei geführt wird, folgt, daß man diese Diktatur auch gegen jeden anwenden kann und soll, der nicht unbedingt der Partei gehorchen will — also auch gegen jeden einzelnen Proletarier.

Weg zum Sozialismus: Diktatur des Proletariats

Diktatur des Proletariats = Partei-Alleinherrschaft

Von einer *Demokratie* kann in dieser Periode keine Rede sein — es ist *eine Kriegsperiode.* Den Mitgliedern der Ausbeuterklassen werden überhaupt keine Rechte gegeben — in der Sowjetunion hat man ihnen sogar das Arbeitsrecht weggenommen — aber Zivilrechte kommen unter der Diktatur des Proletariats nicht einmal den Proletariern zu. Über alles entscheidet die Partei allein.

Kriegsperiode

Ein besonderer Zug der Diktatur des Proletariats ist die Auffassung des *Rechtes:* Dieses wird als eine Waffe aufgefaßt und ohne Rücksicht auf irgendeine Norm zur Vernichtung der Gegner der Partei gebraucht. Anders gesagt, nimmt die Diktatur des Proletariats nach dem Vorbild der Französischen Revolution leicht die Gestalt des *Terrors* an.

Recht als Vernichtungsinstrument

Das ist die sozusagen klassische Gestalt der Lehre von der ersten Periode, also von der Verfassung in einem Lande, das sich auf dem Wege zum *Sozialismus* befindet. Nachdem im Jahre 1945 eine Reihe ost-mitteleuropäischer Länder besetzt wurde, hat man jedoch etwas Neues gefunden: Die *Lehre von der Volksdemokratie.* Diese wurde meines Wissens noch nie klar definiert. Die Volksdemokratie ist eine Verfassung, in der eine Art Koexistenz zwischen den verschiedenen Klassen unter der Führung der Kommunistischen Partei und ihrer Diktatur besteht. Im einzelnen sieht das so aus: Als materielle Basis, also als Produktionsverhältnisse, gibt es noch einen „privaten Sektor", nämlich individuelle Bauern und Handwerker. Wir sind also noch weit vom Ideal der Aufhebung des Privateigentums entfernt.

Volksdemokratie, neue Übergangsform

Ist es aber so, dann müssen noch *verschiedene* Klassen bestehen. Die Ausbeuterklassen haben zwar ihre Macht verloren — aber ihr Dasein wird anerkannt und deshalb läßt man auch im Gebiet des politischen Überbaues *mehrere* Parteien bestehen. Freilich sollen sie alle durch die Kommunistische Partei geführt werden und in der Praxis, so in der sowjetischen Einflußzone

Führung durch die kommunistische Partei

in Deutschland zum Beispiel, sind diese Parteien vollständig der kommunistischen untergeordnet. Die Tatsache der Diktatur des Proletariats, das heißt der Partei-Herrschaft, wird dabei stets betont.

Daraus ergibt sich wieder, daß man, wenigstens am Anfang, noch *verschiedene* Ideologien duldet. So, um noch einmal die DDR zu nennen, besteht dort sogar eine *christlich-demokratische Partei,* die die *christliche Ideologie* vertreten soll.

In dieser Periode sollen alle kommunistischen Staaten sich befinden, mit Ausnahme der *Sowjetunion* und, soweit mir bekannt, der *Tschechoslowakei.*

Sozialismus

ohne Gegner

beschränktes Wahlrecht

Die zweite Periode ist jene des *Sozialismus.* Antagonistische Klassen sind verschwunden, man hat nur noch nicht-antagonistische, und eine einzige Partei — die kommunistische — genügt. Da es keine Gegner mehr gibt, kann man eine demokratische Verfassung *mit Wahlrecht für alle* und ähnlichem einführen. Freilich ist dieses *Wahlrecht* dadurch beschränkt, daß die Kandidaten der einzigen Liste durch soziale Organisationen aufgestellt werden, die ohne Ausnahme und zwar offiziell Transmissionen der Partei sind — so daß es immer letzten Endes diese Partei ist, welche über alles entscheidet. Aber formell wenigstens kann jetzt jeder stimmen und gewählt werden.

CSSR: Stadium des Sozialismus

Augenblicklich scheint es nur ein Land zu geben, das sich im Stadium des Sozialismus befindet: die *Tschechoslowakei.* Die *Sowjetunion* hat diese Etappe schon überwunden und befindet sich auf dem Wege *zum Kommunismus,* ja teilweise *im Kommunismus selbst.*

Andere kommunistische Staaten haben den Sozialismus leider noch nicht erreicht.

UdSSR: auf dem Weg zum Kommunismus

Auflösung des Staates

Volkssport

soziale Gerichte

Ist ein Land — wie die Sowjetunion — auf dem Wege zum Kommunismus, dann hat der Prozeß der Aufhebung aller Klassen, auch der nicht-antagonistischen angefangen. Nur noch die Kommunistische Partei besteht, und mit ihr der von ihr beherrschte Staat. Aber wenigstens *der Staat beginnt sich aufzulösen,* indem er einige seiner Funktionen den gesellschaftlichen Organisationen übergibt. So hat man in der Sowjetunion von einem *Sport* gesprochen, der nicht durch den Staat allein kontrolliert wäre — und dies als eine kolossale Errungenschaft des Kommunismus gepriesen, was einem Nicht-Kommunisten ein bißchen merkwürdig anmutet. Man hat auch *soziale Gerichte* und ähnliches eingeführt. Diese Periode ist ganz klar eine des *Überganges* zum Kommunismus und da der Kommunismus nicht klar umschrieben ist, ist die diesbezügliche Lehre eher schwankend.

Kommunismus

Endlich wird man aber zum *Kommunismus* kommen. Im wesentlichen müssen drei Bedingungen erfüllt sein, ehe dieses letzte Stadium erreicht werden kann: Man muß die Ausbeuterklassen ausrotten, die materiell-technische, industrielle Basis schaffen und den kommunistischen Menschen erziehen.

Notwendig ist also zuerst die *vollständige* Vernichtung der Ausbeuterklassen und zwar genügt es nicht, diese Ausbeuter in *einem* Lande auszurotten; das ist seit langem — nach der Lehre — in der Sowjetunion geschehen und doch hat der eigentliche Kommunismus noch nicht begonnen. Von ihm kann man erst dann sprechen, wenn alle Ausbeuter in allen Ländern der Welt vernichtet sind. *Man muß also zuerst die Weltrevolution vollständig durchführen.* Denn solange es ein einziges kapitalistisches Land gibt, droht die Gefahr, und der Kampf geht weiter.

vollständige Ausmerzung der Ausbeuterklassen

vollständige Durchführung der Weltrevolution

Die Theoretiker sind sich in diesem Punkt nicht ganz einig. Während man prinzipiell zugibt, daß es keine Ruhe und keinen Kommunismus geben kann, solange es irgendwo Kapitalisten gibt, sagt man heute öfters, daß trotz allem große Fortschritte in dieser Richtung auch in Anwesenheit des Kapitalismus im Ausland gemacht werden können. Jedenfalls scheint es mir, daß man von einem Voll-Kommunismus in keinem Lande sprechen kann, solange es ein einziges kapitalistisches Land gibt. — *Die vollständige Ausrottung aller Ausbeuterklassen* ist also die erste Bedingung des Kommunismus.

Die zweite ist der Aufbau einer so *großen industriellen Basis*, daß die Menschen über einen *Überfluß* an Gütern verfügen können. Dabei gelten im Marxismus-Leninismus einige praktische Regeln streng und werden überall mit größter Konsequenz angewandt. Es handelt sich dabei beispielsweise immer in erster Linie um die *Industrie*, nicht etwa um die Landwirtschaft, die eine sekundäre Rolle spielt und die, wie bekannt, in den kommunistischen Ländern fast überall sehr schlecht daran ist.

Produktionsbasis für den Güterüberfluß

Dann unterscheidet man innerhalb der Industrie *zwei* Sektoren: Den ersten und den zweiten. Der erste ist der Sektor der sogenannten *Schwer-Industrie*, das heißt jene, die nicht Konsumgüter, nicht Güter, die für den Verbrauch durch die Bürger bestimmt sind — sondern Produktionsmittel, also etwa Maschinen und ähnliches, erzeugt. Der zweite Sektor umfaßt die Produktion von *Gebrauchsgütern*. Das Gesetz lautet nun: Der erste Sektor besitzt die *absolute Priorität*. Den zweiten entwickelt man nur *soweit wie nötig*, um den *Menschen das Arbeiten zu ermöglichen*. Auch hier gibt es letztlich in der Sowjetunion Schwankungen, und man hört häufig, daß etwas für den zweiten Sektor getan werden sollte. Dabei kommt freilich ein Kompromiß heraus, der mir nicht sehr orthodox zu sein scheint.

Priorität der Schwerindustrie

sekundäre Gebrauchsgüterindustrie

Dem Marxismus-Leninismus gemäß sollte man den Menschen nur soviel geben, als absolut notwendig ist, damit sie arbeiten können. In dieser Hinsicht scheinen die Chinesen viel konsequentere Marxisten-Leninisten zu sein als die Russen.

Endlich kann der *Kommunismus* erst dann errichtet werden, wenn die Menschen *erzogen* sind. Die Erziehung des *neuen, kommunistischen Menschen* ist die dritte Bedingung des Kommunismus. Das Wesentliche besteht dabei da-

Erziehung des neuen Menschen

rin, daß dieser neue, kommunistische Mensch sich so sehr mit der Gesellschaft geistig identifiziert, daß er, wie *Professor Schischkin* schön sagt, „seine eigenen Interessen von den gemeinschaftlichen nicht trennen kann".

Schischkin

Man pflegt auch zu sagen, daß dieser neue Mensch von jedem Egoismus, von jeder Gier, von jeder Liebe zum Privateigentum *frei* sein wird. Auch das Verhältnis zur Arbeit soll vollständig geändert werden: Der neue Mensch wird nämlich nicht arbeiten, um einen Lohn zu erhalten, sondern aus lauter Freude an der Arbeit.

schwächste Seite des Kommunismus

Es sei erlaubt zu bemerken, daß die Verwirklichung dieses dritten Postulats, die Erziehung des neuen Menschen, die schwächste Seite des Kommunismus ist.

Am erfolgreichsten war er bis jetzt bei der Durchführung der ersten Bedingung: Er hat tatsächlich auf der Hälfte der Erdoberfläche die Macht aller seiner Gegner gestürzt und scheint durchaus fähig zu sein, dieses Werk mit Erfolg weiterzuführen. Bedeutendes hat er auch auf dem Sektor der Industrialisierung geleistet, obwohl, wie ich schon bemerkt habe, die diesbezüglichen Errungenschaften weit hinter dem blieben, was andere Völker schon besitzen.

Handelt es sich aber um die *Erziehung des neuen Menschen*, so sieht es so aus, als ob der Marxismus-Leninismus hier vollständig versagt hätte. Das kann man wenigstens aus zwei Tatsachen schließen.

materielle Anreize

Erstens spricht man in den kommunistischen Ländern immer mehr von den *materiellen Anreizen* für die Arbeiter; das scheint zu zeigen, daß diese Arbeiter nach so vielen Jahren immer noch einen guten Lohn recht hoch zu schätzen wissen und nicht aus lauter Freude gut arbeiten wollen.

Todesstrafe für Wirtschaftsdelikte

Zweitens, und das ist sicher noch wichtiger, hat man vor einigen Jahren in der Sowjetunion sich dazu veranlaßt gesehen, sogar die *Todesstrafe für wirtschaftliche Delikte* einzuführen. Sie wurde seitdem relativ oft verhängt. Die Todesstrafe für solche Delikte ist aber nicht nur eine recht barbarische Maßnahme, die in keinem zivilisierten Land außer der Sowjetunion besteht, sondern auch ein klares Zeichen dafür, daß es mit der Moral der sowjetischen Menschen vom marxistisch-leninistischen Standpunkt aus gar nicht besser steht als mit der unsrigen, sondern viel schlimmer. Mit anderen Worten ist hier der Marxismus-Leninismus gescheitert.

persönliche Freiheit fasziniert

Persönlich glaube ich, daß dies nicht der Unfähigkeit der sowjetischen Pädagogen zuzuschreiben ist, sondern der Tatsache, daß das Ziel utopisch ist: *So* kann man den Menschen nicht umerziehen. Es sei noch bemerkt, daß die zeitgenössische Literatur der meisten kommunistischen Länder ein ganz anderes Bild zeigt, als jenes des kommunistischen Menschen. Was durch sie sichtbar ist, ist eine immer stärker werdende Tendenz zu *eigenem, persönlichem, freiem Leben.*

Setzen wir aber voraus, daß alle drei Bedingungen erfüllt sind, daß man die Ausbeuter vernichtet, die industrielle Basis errichtet und den Menschen erzogen hat. Was wird dann zustande kommen? — *Wie wird der Kommunismus aussehen*? — Hier ist das Bild, welches uns die marxistisch-leninistischen Dichter — so darf ich sie nennen, denn es handelt sich klar um *Dichtung* — zeichnen.

Zukunftsbild des Kommunismus: eine Illusion

Biologisch wird der Mensch, von den Krankheiten frei, etwa *zweihundert Jahre* leben. Er wird wirtschaftlich über alle materiellen Güter verfügen — es wird ein Überschuß an Gütern vorhanden sein. Man sagt freilich — und das ist bezeichnend — daß die Wünsche des Zukunftsmenschen nur dann erfüllt sein werden, *wenn sie vernünftig sind* — und das ist eine recht heikle Sache, den es wird doch jemand bestimmen müssen, was vernüftig ist und was nicht — ob z. B. der Wunsch nach einem Mercedes sechshundert hierher gehört oder nicht. Es wäre, wie es mir scheint, eine dankbare Aufgabe für die Kommunistische Partei. Jedenfalls heißt es, daß es niemandem an irgend etwas fehlen wird.

Lebenserwartung: 200 Jahre

Güterüberfluß

Politisch wird es *keinen Staat* geben und an sich sollte die Partei verschwinden. Jetzt sagt man aber, daß dies nicht so sicher sei — vielleicht soll die Partei doch weiter bestehen. Der Staat wird aber ganz sicher absterben; den es wird keine Kriege, keine Verbrechen und keine Ausbeutung — die die Ursache aller Übel sind — mehr geben.

Staat und Partei sterben ab

Ursachen aller Übel abgeschafft

Der Mensch wird sich aber in verschiedener Hinsicht verändern. Einerseits wird es keinen Unterschied *zwischen Stadt und Dorf* geben; andererseits wird der Unterschied *zwischen der physischen und der geistigen Arbeit* aufgehoben werden. Und weiter, der Zukunftsmensch wird nicht mehr einseitig spezialisiert sein: Er wird fähig sein, sagen wir, ein Jahr lang biologische Forschung zu treiben, dann ein anderes Jahr eine Eisenbahndirektion zu leiten und ein drittes als Bergarbeiter Kohle zu produzieren. Und er wird all das mit der gleichen Freude tun. *Arbeiten* wird er *sehr wenig*, vielleicht nur zwei oder vier Stunden täglich. Die übrige Zeit wird er seinem geistigen Leben widmen, vor allem der wissenschaftlichen Forschung und der Kunst. Auf geistigem Gebiet wird der Mensch einen uns kaum vorstellbaren schnellen *Fortschritt ohne Ende* machen.

Hand- und Kopfarbeit unterschiedslos

2 Arbeitsstunden täglich

endloser geistiger Fortschritt

Das sind die wesentlichen Züge des *Voll-Kommunismus*. Bevor man ihn erreicht, muß die Gesellschaft andere Stufen durchlaufen. So soll die Sowjetunion schon etwa um 1980 die erste Stufe des Kommunismus erreichen. Diese sieht jedoch eher bescheiden aus: Die Bürger werden vom Staat Wohnung, Mahlzeiten, Kleidung und Transportmittel unentgeltlich erhalten — also etwa das, was der Soldat in der Kaserne kriegt. Diese Versprechung ist leicht zu erfüllen, denn alle Wohnungen gehören zum Beispiel dem Staat und es handelt sich nur um eine rein buchhalterische Maßnahme, wenn man dem

Arbeiter, der in einer Staatsfabrik arbeitet, weniger bar bezahlt, ihm dafür aber die Wohnung unentgeltlich zur Verfügung stellt.

Auch im *Voll-Kommunismus* gibt es Einzelheiten, die genau von Marx vorausgesehen, uns heute also möglich erscheinen: So etwa die Aufhebung des Unterschiedes zwischen der physischen und der geistigen Arbeit oder die drastische Kürzung der Arbeitszeit. Beides wird jetzt zum Beispiel in den Vereinigten Staaten von Nordamerika Wirklichkeit.

Idealbild des Kommunismus als Ganzes

Sehen wir aber von solchen Einzelheiten ab und betrachten wir das *Ideal des Kommunismus als Ganzes,* vor allem inwieweit es ein Ideal des Menschen ist, seiner zukünftigen Natur, so muß man sagen, daß man es hier mit dem uralten Traum der Chiliasten, der Utopisten und anderer zu tun hat. Es ist der Traum — der wunderbare Traum — eines von jedem Elend, von jedem Bösen befreiten Menschen, der so mächtig und gleichzeitig so gut wäre, daß er das volle Glück ein und für alle Male auf dieser Erde inne haben würde.

unerfüllbarer Traum

Leider ist es nur ein *Traum.* Wenn schon die Alten es wußten, so haben wir heute, im Lichte der Tiefenpsychologie, dank der Analysen der Existenzphilosophie und anderer Einsichten die traurige Gewißheit gewonnen, *daß es ein Paradies auf Erden für den Menschen nicht geben kann.* Er ist einfach so geartet, daß er weder die Macht hat, über seine Beschränkungen sich zu erheben, noch die Möglichkeit, sich in einen Heiligen zu verwandeln. Es mag eine tragische Situation sein. Aber wir wissen, daß es faktisch unsere Situation ist.

Zusammenfassung zum Kapitel XII:

DER WEG ZUM KOMMUNISMUS

Wissenschaftlicher Kommunismus

Zusammen mit dem Wissenschaftlichen Sozialismus ist dies der am wenigsten ausgearbeitete Teil des Marxismus-Leninismus.

Entwicklungphasen: Soziale Revolution — langer und schwieriger Weg zum Kommunismus — Vollkommunismus: Paradies auf Erden (Lenin).

Sozialismus als Leistungsgesellschaft: „Jedem nach seiner Leistung!" (Marx).

Kommunismus als Überflußgesellschaft: „Jedem nach seinen Bedürfnissen!" In der Folgezeit wurde die Lehre komplizierter:

1. Periode: Der Weg zum Sozialismus (Kriegsperiode)

Diktatur des Proletariats = absolute Parteiherrschaft, Terror gegen die Ausbeuterklasse und gegen alle Abweichler.

Volksdemokratie als neueste Übergangsform: Geduldete Koexistenz zwischen verschiedenen Klassen unter Führung der kommunistischen Partei. In dieser Periode befinden sich heute alle kommunistischen Staaten außer Sowjetunion und CSSR.

2. Periode: Sozialismus (Übergangsperiode)

Antagonistische Klassen verschwinden. Einzige Partei: Die kommunistische. Da keine ernsthaften Gegner (nur Transmissionen) vorhanden, ist ein Wahlrecht mit Einheitslisten zugelassen. Die CSSR soll diese Periode bereits erreicht haben.

3. Periode: Weg zum Kommunismus (Übergangsperiode in der Sowjetunion)

Auflösung auch der nicht-antagonistischen Klassen hat begonnen. Der von der kommunistischen Partei absolut beherrschte Staat gibt angeblich bereits Funktionen an die Gesellschaft ab (Volkssport, Soziale Gerichte u. a.).

4. Periode: Wissenschaftlicher Kommunismus (Endperiode, teilweise bereits in der Sowjetunion)

Vorbedingungen:

a) Ausbeuterklassen **auf der ganzen Welt** müssen bis zum letzten Kapitalisten ausgemerzt sein, das heißt: **vollständige Durchführung der Weltrevolution.**

b) Schaffung der materiell-technischen Produktionsbasis für einen **Güterüberfluß.** Dabei erhält die **Schwerindustrie** (Produktionsmittel) den Vorrang vor der **Gebrauchsgüterindustrie** (Bedürfnisse).

c) **Erziehung des neuen, kommunistischen Menschen,** der „seine eigenen Interessen nicht mehr von den gemeinschaftlichen trennen kann" (Schischkin). Frei von Egoismus, von Gier und Liebe zum Privateigentum arbeitet der Mensch nicht wegen des Lohnes, sondern aus lauter Freude an der Arbeit. (Schwächste Seite des Kommunismus: Guter Lohn, erfahrungsgemäß ein Anreiz auch für die Arbeiter in den kommunistischen Ländern.)

Kriterien des **Voll-Kommunismus:** Der bis 200 Jahre alt werdende Mensch wird über alle materiellen Güter verfügen. Der Staat ist abgestorben, da keine Ausbeutung, keine Verbrechen, keine Kriege mehr. Kein Unterschied zwischen physischer und geistiger Arbeit. Arbeitszeit 2—3 Stunden täglich. Die übrige Zeit wird einem kaum vorstellbaren, schnellen und endlosen geistigen Fortschritt dienen.

Schlußbetrachtung: Sieht man von der Verwirklichung jetzt schon durchaus erfüllbarer Einzelheiten ab, so ist die Erfüllung des uralten Traums von einem Paradies auf Erden im Licht wissenschaftlicher Erkenntnis nicht möglich. **Der endliche Mensch wird letztlich seine irdische Unzulänglichkeit nie ganz überwinden könen. So gesehen, bleibt das Ideal des Kommunismus als Ganzes eine Illusion. Die von der allmächtigen Partei zugunsten dieser Utopie rigoros praktizierten Methoden zwingen den Einzelmenschen unausweichlich unter ein unerträgliches Joch der Unfreiheit.**

XIII. Die Weltanschauung

Wir sind am Ende unserer Darstellung des Marxismus-Leninismus angelangt und es bleibt uns nur noch, über ihn als Ganzes nachzudenken, um uns, soweit überhaupt möglich, ein Urteil über sein Wesen und seinen Wert zu bilden.

Lassen Sie mich zuerst eines feststellen. Der *Marxismus-Leninismus* übt auf Millionen von Menschen einen geradezu faszinierenden Einfluß aus. Freilich, wenn dieselben Menschen später unter einem Regime zu leben haben, das nach der marxistischen Ideologie aufgebaut wurde, werden die meisten von ihnen enttäuscht und wenden sich von ihm ab.

Aber erstens handeln nicht alle so; eine Minderheit bleibt von ihm überzeugt. Und zweitens wirkt der Marxismus-Leninismus dort am stärksten, wo er als reine Theorie, als reine Lehre erscheint. Das Faszinierende liegt also an dieser Lehre selbst. Sie ist sogar so faszinierend, daß der Kommunismus durch geistige Waffen alle paar Jahre ein neues Land zu erobern scheint — und daß auch bei uns, in Westeuropa, *viele hoch gebildete Menschen* ihm folgen.

die reine Lehre fasziniert viele Intellektuelle

Soviel steht also fest: Der Marxismus-Leninismus übt eine sehr große Anziehungskraft auf die Menschen aus; er fasziniert viele von ihnen.

Warum ist das so? — Was ist es, das am Marxismus-Leninismus so viele Menschen anzieht? — Versuchen wir eine Antwort auf diese Frage zu geben, dann stellt sich heraus, daß sie nicht einfach sein kann. Es ist nämlich kein *einziger* Aspekt des Marxismus-Leninismus, der diese Anziehungskraft überall besitzt, sondern eine ganz Reihe von verschiedenen Eigenschaften, Aspekten dieser Lehre, die es ihm erlauben, so viele Menschen zu gewinnen.

Wir müssen hier zuerst all das zur Seite lassen, was mit dem *echten* Marxismus-Leninismus nichts zu tun hat, das aber für *taktische Zwecke* gebraucht wird. Die Kommunisten pflegen zum Beispiel überall, wo sie noch nicht die Macht besitzen, den *Bauern* Boden zu versprechen und zwar als Privateigentum; wie bekannt, nehmen sie ihnen dann diesen Boden wieder ab. Oder sie pflegen den *Arbeitern* eine Erhöhung ihrer Löhne und eine Kürzung der Arbeitszeit zu versprechen; sie tun aber dann — und zwar getreu dem Marxismus-Leninismus — das Entgegengesetzte. Das alles sind Nebensachen, taktische Tricks, die uns hier nicht interessieren, obwohl sie, selbstverständlich in der Politik gewichtig sein können.

taktische Tricks

Aber auch bei der Betrachtung des *echten* Marxismus-Leninismus finden wir, daß er über ganz bedeutende geistige Kräfte verfügt. Soweit ich sehe, handelt es sich dabei um nicht weniger als *vier* verschiedene Züge.

bedeutende geistige Kräfte

Der Marxismus-Leninismus gibt sich nämlich als jene Lehre aus,

die erstens einen *vollkommenen* Rationalismus verkörpert, dem Menschen also die Erfüllung seines Strebens nach Vernünftigkeit verspricht;

die zweitens ein echter und *hochidealistischer* Humanismus ist;

eine Lehre, die drittens gewaltige *wirtschaftliche* und *politische Errungenschaften* ermöglicht;

und endlich viertens eine *echte, absolute Weltanschauung* ist.

Anspruch auf Wissenschaftlichkeit

Der Marxismus-Leninismus gibt sich also zuerst als eine durch und durch rationale, *wissenschaftliche Lehre.* Er lehnt jede *Religion,* jede *Mystik,* jeden *Romantizismus* ab. Er will alles nach streng wissenschaftlichen Gesetzen verstehen. Er predigt auch die *streng wissenschaftliche Führung des menschlichen Leben durch Planung* und anderes. Kein Wunder, daß er die Menschen in unserem hochrationalistischen Zeitalter anspricht, vor allem die Intellektuellen.

Planung

Anspruch auf echte Humanität

Gleichzeitig gibt sich aber der Marxismus-Leninismus als echter grandioser *Humanismus* aus: Alles soll für den Menschen und durch den Menschen getan werden. Er verspricht auch dem Menschen die Erfüllung seiner ewigen Träume — das *Paradies auf Erden,* die Befreiung von jedem Übel. Er predigt die *Gleichheit* und die *Brüderlichkeit.* Er ruft zum Kampf gegen *Ausbeutung* und *Ungerechtigkeit.* Selten in der Geschichte wurden diese hohen — im wesentlichen *christlichen* — Ideale mit solcher Macht vertreten wie durch den Marxismus-Leninismus. Man kann sich nicht wundern, daß er eine Anziehungskraft besitzt.

Befreiung von jeglichem Übel

Anspruch auf Realisierbarkeit

Hinzukommt, daß er nicht in der Sphäre der abstrakten Ideale bleibt: Er lehrt auch einen *praktischen Weg,* auf welchem man sie verwirklichen soll. Und seine Vertreter weisen mit Stolz auf die *Errungenschaften* jener Völker, die sich von ihm haben leiten lassen. Haben nicht die Russen eine große Industrie und die Sputniks aus fast nichts geschaffen?

Technik

Anspruch auf unwiderlegbaren Glauben

Und endlich wird all das durch eine echte, das heißt allumfassende und als *absolut wahr anerkannte Weltanschauung* getragen. Im Gegensatz zu den vielen, die an allem zweifeln, lehrt der Marxismus-Leninismus *einen dogmatischen, festen, durch keinen Fortschritt überwindbaren, endgültigen Glauben.* Man kann sich wieder nicht wundern, daß Menschen, die der Skepsis verfallen sind, die, wie so viele unter unseren Intellektuellen, an nichts mehr geglaubt haben, sich durch ihn auch in dieser Hinsicht angezogen fühlen. Denn der Mensch ist so geartet, daß er eine Weltanschauung, einen festen Glauben braucht, der fähig sein muß, ihm den Sinn seines *Denkens* und *Handelns* zu erklären. Das tut aber der Marxismus-Leninismus für ihn.

Und wenn man beachtet, daß der Marxismus-Leninismus nicht nur rationalistisch, humanistisch, erfolgreich und weltanschaulich ist, sondern alles das *zusammen* — dann versteht man wohl, warum er viele Menschen mit seiner Kraft an sich zieht, der sie oft kaum widerstehen können.

Sind alle Ansprüche echt?

Das sind also die Tatsachen. Wir müssen uns aber fragen, ob alle diese Anziehungskräfte des Marxismus-Leninismus *echt* sind, ob er *wirklich* alles das ist, für was er sich ausgibt. Die Ideale, an die er appelliert, sind ja nicht etwa asiatische Ideale, sondern unsere eigenen, westeuropäischen. Wir haben ja den *Rationalismus*, den *Humanismus* und die *Technik* geschaffen. Die Frage lautet also: Vertritt der Marxismus-Leninismus wirklich *unsere* Ideale?

Vertritt der Kommunismus westliche Ideale?

Auch diese Frage läßt sich nicht mit einem Satz beantworten. Wir müssen die schon genannten vier Aspekte der Lehre einzeln in dieser Hinsicht untersuchen und uns bei jedem von ihnen fragen: Ist er echt? — Entspricht er dem, was *wir* so nennen?

Wir fangen mit dem wissenschaftlichen, rationalen Charakter an. Der Marxismus-Leninismus nennt sich so, weil er selbst eine *reine Wissenschaft* sein und *wissenschaftliche* Methoden für die Praxis, etwa die Planung, empfehlen soll. Wir haben nun zwei Teilfragen: Ist der Marxismus-Leninismus eine Wissenschaft? — Und sind die von ihm empfohlenen Methoden wissenschaftlich?

Kommunismus: keine Wissenschaft

Zum ersten ist kurz zu sagen, *daß er mit der Wissenschaft überhaupt nichts zu tun hat.* Er kann vielleicht verschiedene Vorteile haben, aber eine Wissenschaft ist er ganz sicher nicht.

3 Kennzeichen der Wissenschaftlichkeit

Denn was ist Wissenschaft? — Sie läßt sich so umschreiben: Wissenschaftlich nennen wir eine Behauptung, ein *Urteil,* das erstens letzten Endes auf der *Erfahrung* begründet ist; zweitens gemäß jenen *logischen Regeln* aufgestellt ist, die in seinem Gebiet gelten, so zum Beispiel, wenn es sich um soziale Angelegenheiten handelt, gemäß den Regeln der Soziologie; drittens ist ein wissenschaftliches Urteil immer *revidierbar,* es steht immer zur Diskussion.

Würde nur *eines* unter diesen drei Kennzeichen dem Marxismus-Leninismus fehlen, dann wäre er keine Wissenschaft. Tatsächlich fehlen ihm aber alle drei.

nicht auf Erfahrung gegründet

Er ist *nicht auf die Erfahrung* gegründet, sondern auf die Texte der sogenannten Klassiker. Er gebraucht die Methoden der Wissenschaften nicht, sondern seine eigenen, *spekulativen* — so zum Beispiel baut er seinen Historischen Materialismus ohne jede Rücksicht auf die Regeln der Soziologie auf. Und endlich steht er der Diskussion nicht frei, sondern wird als ein *unveränderliches Dogma* angesehen.

ohne Logik

Dogma

gültige Grundlage: Texte der Klassiker

Man könnte dazu vielleicht sagen, daß all das *stalinistische Mißverständnisse* sind, die mit der Zeit abgebaut werden sollen. Gut, das würde jeden denkenden Menschen freuen. Aber *heute* ist der Marxismus-Leninismus gerade so, wie ich gesagt habe: Auf den Texten von Engels und Lenin begründet, unwissenschaftlich aufgebaut und streng dogmatisch. Er ist also überhaupt keine Wissenschaft, sondern ganz offenbar eine Art von *Glauben.*

Nur ein Beispiel: Der Marxismus-Leninismus behauptet, daß die Welt unendlich ist. Woher kann der Marxismus-Leninismus *das* wissen? — Aus der Wissenschaft sicher nicht, weil sie eher das Gegenteil lehrt. Er weiß es von *Engels.* Und was Engels gesagt hat, gilt in ihm als absolute und ewige Wahrheit.

Engels

Oder aber: Woher sollen wir wissen, daß es gerade fünf Hauptperioden der Geschichte gibt und nicht etwa siebzehn? Aus der Wissenschaft sicher nicht, weil sie nichts Ähnliches lehrt oder gar lehren kann. Der Marxismus-Leninismus weiß es aus *Lenin* und wieder macht er daraus einen dogmatischen, ewigen Satz.

Lenin

Man darf also nicht nur sagen, daß der Marxismus-Leninismus keine Wissenschaft ist, sondern auch, daß die Behauptung, er sei eine solche, auf einem geradezu komischen Mißverständnis beruht.

Widersprüche und falsche Annahmen

Und das ist noch nicht alles. Sieht man sich den Marxismus-Leninismus näher an, so findet man, daß er eine geradezu verblüffende Zahl von Widersprüchen, falschen Annahmen und ähnliches enthält. Oft handelt es sich um Behauptungen, die *zur Zeit von Marx vertretbar waren, die aber angesichts unseres heutigen Wissens völlig unhaltbar sind.* Ich habe auf einige Aussagen dieser Art bereits hingewiesen. Ich erinnere nur an die Marxschen Klassen- und Verelendungslehren, die in dieser Gestalt mit der heutigen Wirklichkeit im schroffen Widerspruch stehen.

methodologische Einsichten nicht allgemeingültig

Soweit über die Struktur des Marxismus-Leninismus selbst. Etwas Ähnliches ist im Hinblick auf seine vermeintlich allein *wissenschaftlichen Methoden* zu sagen. Ganz sicher enthält der Marxismus-Leninismus hie und da richtige methodologische Einsichten. Aber ist es wahr, daß allein und einzig die Gesamtheit *dieser* Methoden unsere Ziele, etwa die industrielle Entwicklung — zu erreichen erlaubt?

Sicher nicht. Es liegen heute Zahlen vor, die eindeutig beweisen, daß viele Länder in vergleichbaren Perioden genau dasselbe erreicht haben, ohne jede Freiheit abzuschaffen, ohne Millionen von Menschen in Konzentrationslagern zu foltern usw.

Mystik, Glaube

So muß man sagen, daß der Anspruch, eine rationale, wissenschaftliche Weltanschauung zu sein, auch in dieser Hinsicht ganz unbegründet ist. *Der Marxismus-Leninismus ist ein Glaube, eine Mystik, keine Wissenschaft.*

kein wirklicher Humanismus, sondern Atheismus

Wir kommen nun zum zweiten Punkt, zum *Humanismus.* Ist der Marxismus-Leninismus ein Humanismus? — Ganz sicher, nämlich in einem — aber *nur* in dem Sinne — daß er ein Atheismus ist, daß er über dem Menschen nichts

Höheres anerkent. Das ist aber alles. Darüber hinaus ist er nicht nur kein Humanismus, wie *wir* ihn in Westeuropa verstehen, sondern beinahe sein Gegensatz.

Der Marxismus-Leninismus spricht freilich ständig vom *Menschen.* Was bedeutet ihm aber das Wort „Mensch"? — Offenbar nicht den heutigen Einzelmenschen. Es bedeutet eher die *Gattung Mensch* oder vielleicht auch die allgemeine *Natur Mensch.* Der Marxismus-Leninismus will also alles für die Zukunftsmenschheit tun. Darin besteht sein Humanismus. Was geschieht aber dabei mit dem allein wirklichen — denn es gibt keinen anderen wirklichen Menschen — dem *heutigen* Einzelmenschen? Er wird zu einem bloßen Werkzeug, zu einem bloßen *Mittel* jenes Strebens. Als solcher kann er immer gebraucht und verbraucht werden. Es handelt sich ja gar nicht um ihn, sondern um die Zukunftsmenschheit. Anders gesagt: Dieser Humanismus opfert ständig den heute allein wirklichen Einzelmenschen der Befriedigung der planifizierenden Intellektuellen. Denn die Zukunftsmenschheit existiert ja nur in ihrem Denken und nicht anders.

(heutiger) Mensch nur Werkzeug einer unerfüllbaren Vision

Man kann hier wieder einwenden: Auch diese Situation wird sich verbessern. Tatsächlich gibt es heute in der Sowjetunion — und mehr noch in Ländern wie Ungarn und Polen — sichtbare Zeichen dafür, *daß dieser falsche Humanismus den Menschen unerträglich wird.*

falscher Humanismus: unerträglich

Man spricht immer mehr vom Einzelmenschen und versucht, ihm irgendeinen Platz im Marxismus-Leninismus zu finden. Wir wollen hoffen, daß sich diese Tendenzen durchsetzen werden. Dann aber wird der Marxismus-Leninismus vorbei sein. So, wie er heute beschaffen ist, wie er gemäß seinen Prinzipien *sein muß,* widerspricht er jedem echten Humanismus. Sein Anspruch, ein wahrer Humanismus, ja der einzige Humanismus zu sein, ist ganz unbegründet.

Der Marxismus-Leninismus beruft sich weiter auf seine Erfolge. Er allein soll sich in der Praxis bewährt haben. Dies ist, wie ich schon gesagt habe, einfach falsch: Verschiedene Länder haben ohne den Marxismus-Leninismus genau dasselbe geleistet.

praktische Erfolgsergebnisse: schwacher Lehrbeweis

Hinzu kommt noch das Folgende: Der Beweis der Richtigkeit einer Lehre durch die Ergebnisse, die sich in einem Lande gezeigt haben, in dem diese Lehre herrschte, ist ein sehr, sehr schwacher Beweis.

So hat Deutschland unter *Hitler* ganz sicher Großartiges geleistet: Etwa Autobahnen, eine mächtige Armee, die ersten Raketen und vieles mehr. So hat Ägypten im Zeichen der damals herrschenden Mythologie die *Pyramiden* gebaut, die jeder kennt. Die Pyramiden sind aber, bezogen auf den damaligen Stand der Technik und die winzige Zahl der alten Ägypter, eine größere Leistung als alle Kombinate und alle *Sputniks* der Russen. Darf man nun sagen, daß der Nationalsozialismus und die ägyptische Mythologie beide

Siehe Hitlers Erfolge

Pyramiden

Kombinate, Sputniks

wahr gewesen sind, weil damals all das geleistet wurde? Ich glaube nicht. Mir scheint, daß eine totalitäre Ideologie und ein System, welches die Menschen versklavt, helfen kann, große Werke durchzuführen. Aber diese Werke sind nicht Werke der Ideologie, sondern des betreffenden Volkes. Die Deutschen haben zum Beispiel gezeigt, daß sie auch ohne den Nationalsozialismus Großes leisten können. Und dasselbe Ziel gilt von den Russen. Nein, das Argument von den Erfolgen kann nicht ernst genommen werden.

dogmatische Weltanschauung

Es bleibt endlich die *Weltanschauung*. In dieser Hinsicht ist nichts zu beanstanden. Der Marxismus-Leninismus *ist* eine Weltanschauung und wie jede Weltanschauung, die diesen Namen verdient, *eine dogmatische, feste, absolutistische.*

Freilich wird sie gleichzeitig als Wissenschaft ausgegeben, was ungereimt ist, weil keine Weltanschauung eine Wissenschaft sein kann. Das ist aber nebensächlich. Das einzige Wichtige besteht darin, daß der Marxismus-Leninismus den Menschen ganz richtig als ein fester Glaube erscheint. In dieser Hinsicht hat er vollständig recht.

Damit sind wir aber zu unserer letzten Frage gelangt, einer Frage, die sich Ihnen, meine sehr verehrten Zuhörer, sicher aufdrängt. Die Frage lautet: Kann irgend etwas anderes dem Marxismus-Leninismus auf geistiger Ebene mit Erfolg gegenübergestellt werden?

Auseinandersetzung auf geistiger Ebene

Ich möchte betonen, daß es sich ganz klar um eine *geistige* Ebene handelt. Denn, auch wenn die Kommunisten oft genug Gewalt gebraucht haben, so steht bei ihnen doch hinter der Gewalt die Lehre, eine Idee: der Marxismus-Leninismus. Und einer solcher Lehre kann man nie mit Erfolg eine *bloße Gewalt* gegenüberstellen.

notwendig: eine dem Marxismus-Leninismus überlegene Lehre

Die Antwort lautet, daß selbstverständlich verschiedene andere Weltanschauungen neben dem Marxismus-Leninismus bestehen können. Um ihm aber *mit Erfolg* zu widerstehen, müssen sie — das wissen wir aus der Geschichte, gewisse Kennzeichen haben, die sie dem Marxisten-Leninismus in gewisser Hinsicht wenigstens ebenbürtig oder auch überlegen machen. Die wichtigsten unter diesen Kennzeichen sind die folgenden:

eine solche Lehre muß erstens eine *echte* Weltanschauung sein;

sie muß zweitens eine Weltanschauung sein, die ein *Programm für das Handeln* einschließt oder wenigstens begründen kann und nicht nur eine bloße Theorie.

Sie muß drittens im Hinblick auf die beiden zentralen Ideale, an die der Marxismus-Leninismus appelliert, Besseres als er, nämlich *Echtes* bieten: Ich meine, sie müssen *einen besseren Rationalismus und einen wahren Humanismus einschließen.*

Eine solche Sicht muß also zuerst eine echte Weltanschauung sein — *ein Glaube, und zwar ein wahrer, die Menschen bewegender Glaube.* Mit einer Skepsis, mit der Überzeugung, daß alle Ideen gleichwertig sind, kommt man in der Geschichte nicht weiter. Eine skeptische Haltung würde ohne Ausnahmen durch den Glauben zerschlagen, wenn sie sich ihm widersetzen wollte.

notwendig: ein wahrer, die Menschen bewegender Glaube

Aber es muß auch ein Glaube sein, der der Menschheit nicht nur etwa eine Erklärung der Welt und nicht nur die Sicherung dessen, was sie schon hat, bieten würde, sondern er müßte auch *einen schöpferischen, dynamischen Plan zur Verbesserung des Menschenlebens* einschließen. Er müßte sich praktisch auswirken können.

notwendig: dynamisches Programm humaner Lebensverbesserung

Mit diesen beiden Beziehungen muß also von jedem ideologischen Gegner des Marxismus-Leninismus verlangt werden, daß er wenigstens dasselbe leiste, wie dieser. Es sollte hier klar sein, daß man hier mit einem bloßen Kult des Wirtschaftswunders und durch eine bloße Verteidigung der sogenannten westlichen Wert-Welt, nichts erreichen kann. Ein wahrer, tiefer, praktisch wirkender, geistig aggressiver und dynamischer Glaube ist notwendig. Weiter müßte ein solcher Glaube nicht nur formal dem Marxismus-Leninismus ebenbürtig, sondern ihm auch *inhaltlich* überlegen sein. Er müßte einen wahren Rationalismus und einen echten Humanismus vertreten. Einen wahren Rationalismus — das heißt jene Haltung, die sich weigert, irgend etwas im Bereich der innerweltlichen Tatsachen anzuerkennen, das nicht durch echte Wissenschaft gewährleistet ist. Einen wahren Humanismus, der im Dienste des wahren, nicht des fiktiven Menschen steht, *der diesen einzig wahren, heutigen Menschen nicht den Fiktionen opfert.*

bloße Verteidigung westlicher Wert-Welt unwirksam

Humanismus gegen Opferung des Menschen

Und zu dieser letzten Forderung möchte ich noch das Folgende sagen: Wie schon bemerkt, scheinen die beiden großen Ideale, von denen ich hier gesprochen habe und zwar in ihrer echten, unverfälschten Gestalt, eine sehr große Anziehungskraft gerade für jene Menschen zu haben, die in den kommunistischen Ländern leben.

Es sieht so aus, als ob diese Menschen — und zwar immer mehrere unten ihnen — sich nach einer Lebensweise sehnen würden, in der es ihnen frei stünde, sich zu diesen Idealen zu bekennen. Es sieht also so aus, als ob der Marxismus-Leninismus gerade in ganz zentralen Angelegenheiten einen sehr schwachen Stand hätte. Während er politisch große Erfolge immer noch feiert, scheint er geistig Schritt für Schritt die Schlacht zu verlieren.

M.L.: politische Erfolge, geistiger Rückschritt

Ich persönlich bin davon überzeugt, *daß er sie verlieren wird.* Wann und wie, das hängt von der Haltung der Menschen, die sich zu anderen Ansichten, zu anderen Glaubensformen bekennen, ab. An geistigen Waffen fehlt es den Gegnern des Marxismus-Leninismus nicht. Sie verfügen über *unvergleichlich bessere* als er. Wenn nicht sie, sondern er siegt, so nur deshalb, weil die Menschen auf dieser Seite ihre eigenen Ansichten nicht ernst genug ge-

Lippenbekenntnisse der Gegner des M.L. nutzlos

nommen haben. Daß sie sich, anders gesagt, zu ihrem Glauben mit Lippen, *nicht aber mit dem Willen und der Tat bekannt haben.*

Das ist eine bloße Feststellung. Als Wissenschaftler, als Forscher, habe ich kein Recht, irgendeinen Wert zu predigen. Ich stelle nur Tatsachen und Zusammenhänge fest.

Auseinandersetzung mit dem Kommunismus: Gewissensfrage

Welche praktischen Schlüsse man aus diesen Feststellungen ziehen soll, ist keine wissenschaftliche, sondern eine moralische Frage. Es ist eine Gewissensfrage. Der Marxismus-Leninismus, wie er im Lichte der bloßen wissenschaftlichen Analyse uns sichtbar wird, scheint aber eine moralische Entscheidung dieser Art dringend zu machen: *Er scheint sie uns einfach aufzuzwingen.*

Zusammenfassung zum Kapitel XIII:

DIE WELTANSCHAUUNG

1. **Wodurch fasziniert der Marxismus-Leninismus insbesondere viele Intellektuelle?**

   a) **Der Marxismus-Leninismus verspricht dem Menschen die Erfüllung vernünftigen Strebens.**

   Er gibt sich als rationale Lehre aus, die alles nach streng wissenschaftlichen Gesetzen ordnet.

   b) **Gleichzeitig gibt sich der Marxismus-Leninismus als echter Humanismus aus.**

   Alles für den Menschen und durch den Menschen: Kampf gegen Ausbeutung und Ungerechtigkeit.

   c) **Der Marxismus-Leninismus lehrt auch den praktischen Weg** zum Vollzug beachtlicher politischer und technischer Errungenschaften.

   d) **Der Marxismus-Leninismus ist eine allumfassende und als absolut wahr anerkannte Weltanschauung.**

   Er lehrt einen dogmatischen, durch keinen Fortschritt überwindbaren, endgültigen Glauben.

2. **Sind diese Behauptungen des Marxismus-Leninismus wahr?**

   zu a) Ist der Marxismus-Leninismus reine Wissenschaft?

   1. **Seine Behauptungen, Urteile, sind nicht auf der Erfahrung begründet,** sondern lediglich aus den Texten der sogenannten Klassiker (Marx, Engels, Lenin, Stalin) abgeleitet.
   2. **Er gebraucht keine wissenschaftlichen Methoden,** sondern seine eigenen spekulativen Behauptungen.
   3. **Er ist nicht revidierbar,** gegen jegliche Diskussion gerichtet. Er ist ein unveränderliches Dogma.

   Der Marxismus-Leninismus ist in seiner ganzen Anlage und auch methodologisch überhaupt keine Wissenschaft, sondern eindeutig ein Glaube.

   zu b) Der Marxismus-Leninismus ist nur in dem Sinne ein **Humanismus,** als er über dem Menschen nichts Höheres anerkennt **(Atheismus).**

   Dieser Humanismus meint eindeutig nicht den heutigen Einzelmenschen, sondern eher eine „Gattung Mensch" bzw. „Natur

Mensch": Er will alles für eine **Zukunftsmenschheit** tun. Der Anspruch, ein wahrer, ja der einzige Humanismus zu sein, ist daher völlig unbegründet.

zu c) Der Marxismus-Leninismus will sich als einzige Lehre **in der Praxis bewährt** haben.

Viele nichtkommunistische Länder haben genau dasselbe und in mancher Hinsicht viel mehr geleistet. Erfolgsergebnisse sind stets schwache und oft trügerische Beweise einer Lehre.

zu d) Der Marxisums-Leninismus ist eine echte Weltanschauung. Er ist ein dogmatischer, absolutistischer — ein fester Glaube. Das beweist, daß er nicht gleichzeitig auch eine Wissenschaft sein kann.

3. **Was soll dem Marxismus-Leninismus gegenübergestellt werden?**

Bloßer Kult des Wirtschaftswunders und bloße Verteidigung der abendländischen Geisteswelt nützen hier nichts. Mit Erfolg widerstehen kann nur

a) eine echte Weltanschauung — ein die Menschen bewegender, wahrer, **geistig wirksamer Glaube,** der sich der Skepsis widersetzt.

b) Ein **praktikables Programm** — eine schöpferische, dynamische Anleitung zur Verbesserung des menschlichen Lebens.

c) Ein **Rationalismus,** der sich weigert, innerweltliche Tatsachen ohne wissenschaftliche Begründung anzuerkennen.

Ein **Humanismus,** der wirklich ganz im Dienste des Menschen steht und diesen nicht ständig einer unerfüllbaren Fiktion opfert.

Der Rationalismus und der Humanismus, die beiden zentralen Ideen des Marxismus-Leninismus, sind auch seine schwächsten Stellen.

Schlußbetrachtung:

1. Der Marxismus-Leninismus ist grundsätzlich widerlegbar. Denn er ist keine Wissenschaft, er ist ein militanter Glaube, dem mit der kommunistischen Partei und ihrer Organisation gewaltige Mittel zur praktischen Durchsetzung seiner Nahziele zur Verfügung stehen.

2. Sein Humanismus anerkennt den heutigen Menschen nicht. Der Mensch wird praktisch ständig einer intellektuellen Verplanung geopfert.

Demnach ist der Marxismus-Leninismus als utopische Menschheitsbeglückung letztlich zum Scheitern verurteilt. Das „Wann“ und „Wie“ hängt nicht von den Lippenbekenntnissen derjenigen ab, die unvergleichlich bessere geistige Waffen besitzen, sondern das hängt ganz von ihrem Willen ab, sich der Herausforderung des Marxismus-Leninismus ständig zu stellen und ihr Denken und Handeln konsequent auf eine permanente Auseinandersetzung mit ihm einzurichten. Das ist eine Gewissensfrage.

LITERATURHINWEISE

ARON, R.: Die heiligen Familien des Marxismus — Hamburg, Wegner 1970

BALLESTREM, K. G.: Die sowjetische Erkenntnismetaphysik und ihr Verhältnis zu Hegel (Sovietica) — Dordrecht/Holland, D. Reidel Publishing Company

BLOCH, E.: Über Karl Marx — Frankfurt 1968

BOCHENSKI, J. M.: Die dogmatischen Grundlagen der sowjetischen Philosophie (Sovietica) — Dordrecht/Holland, D. Reidel Publishing Company

BOCHENSKI, J .M.: Der sowjetrussische dialektische Materialismus (3. Aufl.) — Bern, Francke, Sammlung Dalp 1960

BOCHENSKI, J. M. und BLAKELEY (Hrsg.): Bibliographie der sowjetischen Philosophie I—VII (Sovietica) — Dordrecht/Holland, D. Reidel Publishing Company

BOCHENSKI, J. M. u. G. NIEMEYER (Hrsg.): Handbuch des Weltkommunismus — Freiburg/Br. Alber

BUCHHOLZ, A.: Über die Triebkräfte der wissenschaftlich-technischen Revolution im neueren marxistisch-leninistischen Schrifttum — Köln, Bundesinstitut für ostwissenschaftliche und internationale Studien (hektogr.) 1970

BUHR, M.: Kleines Wörterbuch der marxistischen Philosophie — Berlin, Das europäische Buch 1967

CHRISTIANSEN, W.: Kleiner kommunistischer Zitatenschatz II — Bad Godesberg, Hohwacht Verlag 1964

DAHM, H.: Natur und Mensch. Bezug und Alternative des Denkens der marxistischen Gegenwartsphilosophie — Köln, Bundesinstitut für ostwissenschaftliche und internationale Studien (hektogr.) 1968

DAHRENDORF, R.: Karl Marx und die Theorie des sozialen Wandels, in: ders., Pfade aus Utopia. S. 277 ff. — München 1967

FALK, H.: Die ideologischen Grundlagen des Kommunismus — München, Olzog 1961

FETSCHER, I.: Von Marx zur Sowjetideologie (14. Aufl.) — Frankfurt/Main, Bonn, Diesterweg 1969

FETSCHER, I.: Karl Marx und der Marxismus (Aufsätze) — München 1967

FETSCHER, I. (Hrsg.): Marxismusstudien — Tübingen 1954 ff.

FETSCHER, I.: Karl Marx und der Marxismus. Von der Philosophie des Proletariats zur proletarischen Weltanschauung — München, Piper Paperback 1967

FETSCHER, I.: Der Marxismus. Seine Geschichte in Dokumenten. Philosophie, Ideologie, Ökonomie, Soziologie, Politik — München, Piper 1967

FISCHER, E.: Was Lenin wirklich sagte — Wien, München, Molden 1969

FLEISCHER, H.: Kleines Textbuch der kommunistischen Ideologie (Sovietica) — Dordrecht/Holland, Dr. Reidel Publishing Company

GARAUDY, R.: Marxismus im 20. Jahrhundert — Reinbek bei Hamburg, Rowohlt 1970

Zur Geschichte der marxistisch-leninistischen Philosophie in Deutschland. Band 1 — Berlin, Dietz 1969

Die Gesellschaftslehre des sowjetischen Marxismus (2. Aufl.) — Neuwied, Luchterhand 1969

GOLLWITZER, H.: Die marxistische Religionskritik und der christliche Glaube — München 1965

HABERMAS, J.: Zur philosophischen Diskussion um Marx und den Marxismus, in: ders., Theorie und Praxis — Neuwied 1963

HABERMAS, J.: Zwischen Philosophie und Wissenschaft, Marxismus als Kritik, in: ders., Theorie und Praxis, S. 162 ff. — Neuwied, Luchterhand 1963

HAHN, E.: Historischer Materialismus und marxistische Soziologie. Studien zu methodologischen Grundlagen der soziologischen Forschung — Berlin, Dietz 1968

HOFMANN, W.: Stalinismus und Antikommunismus. Zur Soziologie des Ost—West-Konfliktes — Frankfurt/Main, Edition Suhrkamp 222, 1967

INGENSAND, H.: Die Ideologie des Sowjetkommunismus, Philosophische Lehren — Hannover, Verlag für Literatur und Zeitgeschichte 1962

JOHN, E.: Probleme der marxistischen Ästhetik. Ästhetik der Kunst — Halle/Saale, Niemeyer 1967

JUECHEN, A. von: Atheismus in West und Ost. Erscheinungsformen des Atheismus — Berlin, Lettner Verlag 1968

KISS, G.: Marxismus als Soziologie, Theorie und Empirie in den Sozialwissenschaften der DDR, UDSSR, Polens, der CSSR, Ungarn, Bulgariens und Rumäniens — Reinbek bei Hamburg, Rowohlt 1971. rororo Wissen 780

KOPNIN, P. V.: Dialektik, Logik, Erkenntnistheorie. Lenins philosophisches Denken, Erbe und Aktualität — Berlin, Akademie-Verlag 1970

KUX, E.: Karl Marx — die revolutionäre Konfession, Erlenbach—Zürich, Stuttgart, Rentsch 1967

LANGE, M. G.: Marxismus, Leninismus, Stalinismus. Zur Kritik des dialektischen Materialismus (3. Aufl.) — Stuttgart, Klett 1957

LEHMBRUCH, G.: Kleiner Wegweiser zum Studium der Sowjetideologie — Bonn, Deutscher Bundesverlag 1959

LEONHARD, W.: Die Dreispaltung des Marxismus. Ursprung und Entwicklung des Sowjetmarxismus, Maoismus und Reformkommunismus — Düsseldorf, Wien Econ 1970

LESER, N.: Die Odyssee des Marxismus. Auf dem Weg zum Sozialismus — Wien, München, Molden 1971

LEWYTZKYJ, B.: Politische Opposition in der Sowjetunion 1960—1972 — Analyse und Dokumentation — München, Deutscher Taschenbuch Verlag GmbH & Co. KG 1972

LIEBER, H. J.: Die Philosophie des Bolschewismus in den Grundzügen ihrer Entwicklung (4. Aufl.) — Frankfurt/Main, Dieterweg 1965

LOBKOWICZ, N.: Das Widerspruchsprinzip in der neueren sowjetischen Philosophie (Sovietica) — Dordrecht/Holland, D. Reidel Publishing Company

LOBKOWICZ, N.: Marxismus-Leninismus in der CSR (Sovietica) — Dordrecht/Holland, D. Reidel Publishing Company

LUKACS, G.: Geschichte und Klassenbewußtsein. Studien üüber marxistische Dialektik (Sonderausgabe) — Neuwied, Sammlung Luchterhand 11. 1970

MAIHOFER, W.: Demokratie im Sozialismus — Frankfurt 1968

MARCUSE, H.: Vernunft und Revolution — Neuwied, Luchterhand 1963

MARCUSE, H.: Neue Quellen zur Grundlegung des historischen Materialismus, in: Die Gesellschaft, 9. Jg. 1932, S. 136 ff.

MARKO, K.: Evolution wider Willen. Die Sowjetideologie zwischen Orthodoxie und Revision — Graz, Wien, Böhlau 1968

Marxistisch-leninistisches Wörterbuch der Philosophie (ungek. Ausg. 6. überarb. u. erw. Aufl.) 1 — Reinbek bei Hamburg, Rowohlt 1972

MAYER, J. P.: Die Marxismus-Diskussion in der sozialwissenschaftlichen Literatur Frankreichs, Englands und Amerikas, in: Die neue Gesellschaft, 1. Jg. 1954

MÖBUS, G.: Behauptung ohne Beweis. Zur Analyse und Kritik des Marxismus-Leninismus — Osnabrück, Fromm 1961

MÜLLER-MARKUS, S.: Einstein und die Sowjetphilosophie (Sovietica) — Band I: Die Grundlagen. Die spezielle Relativitätstheorie, Band II: Die allgemeine Relativitätstheorie — Dordrecht/Holland, D. Reidel Publishing Company

OJZERMANN, T. I.: Wann und weshalb ist der Marxismus entstanden? — Moskau, APN Verlag 1968

PENTZLIN, K.: Marxisten überwinden Marx — Düsseldorf, Wien, Econ aktuell 1969

PIETSCH, W.: Revolution und Staat. Institutionen als Träger einer Macht in Sowjetrußland 1917—1922 — Köln, Wissen und Politik 1969

POPITZ, H.: Der entfremdete Mensch (2. gek. Aufl.) — Basel 1967

RAPP, F.: Gesetz und Determination in der Sowjetphilosophie (Sovietica) — Dordrecht/Holland, D. Reidel Publishing Company

RUDNICK, A.: Die kommunistische Idee — Geschichte und Darstellung — München—Wien, Günter Olzog Verlag 1972

SALZMANN, F.: Mit der Freiheit leben — Bern, Ost-Institut 1967

SANDER, H.-D.: Marxistische Ideologie und allgemeine Kunsttheorie — Tübingen, Mohr 1970

SIMON, H.: Kommunismus heute — Mainz, v. Hase & Koehler Verlag 1968

SKRZYPCZAK, H.: Marx—Engels — Revolution — Standortbestimmung des Marxismus der Gegenwart — Berlin, Colloquium Verlag 1969

Die Sowjetphilosophie . . . Dokumente. Hrsg. W. Goerdt — Stuttgart, Schwabe 1967

Sowjetsystem und demokratische Gesellschaft. 6. Bd. und Zusatzband — Freiburg, Herder 1971

SCHACK, H.: Marx, Mao, Neomarxismus. Wandlungen einer Ideologie — Frankfurt/Main, Athenaion 1969

SCHAFF, A.: Marxismus und das menschliche Individuum — Wien 1966

SCHROEDER, D.: Die Krise der marxistisch-leninistischen Staatstheorie. Ein Beitrag zur Allgemeinen Staatslehre in der Gegenwart — Berlin, Metzner (in Komm.) 1967

STALIN, J. W.: Über dialektischen und historischen Materialismus — Frankfurt/Main, Diesterweg 1956

STOJANOVIC, S.: Kritik und Zukunft des Sozialismus — Frankfurt/Main, Fischer 1972

THEIMER, W.: Der Marxismus. Lehre, Wirkung, Kritik (3. Aufl.) — Bern, Francke, Sammlung Dalp 1960

TIER, E.: Etappen der Marxinterpretation, in: Marxismusstudien I. 1954

ULAM, A. B.: Die Bolschewiki. Vorgeschichte und Verlauf der kommunistischen Revolution in Rußland — Köln, Kiepenheuer & Witsch 1967

VRTACIC, L.: Einführung in den jugoslawischen Marxismus-Leninismus (Sovietica) — Dordrecht/Holland, D. Reidel Publishing Company

Weltreligionen und Marxismus von der wissenschaftlich-technischen Welt — Tübingen, Mohr 1969

WETTER, G.: Der dialektische Materialismus. Seine Geschichte und sein System in der Sowjetunion (4. Aufl.) — Freiburg/Br., Herder 1958

WETTER, G. A.: Sowjetideologie heute. 1 — Frankfurt/Main, Fischer Bücherei 1970

Wörterbuch der marxistisch-leninistischen Soziologie — Köln, Opladen, Westdeutscher Verlag 1969

SACH- UND PERSONENREGISTER